潍坊学院博士科研基金项目
（项目编号：2018BS20）

孙　瑜◎著

生态文明新时代企业环境会计的改革与发展

REFORM AND DEVELOPMENT OF ENTERPRISE ENVIRONMENTAL ACCOUNTING IN THE NEW ERA OF ECOLOGICAL CIVILIZATION

图书在版编目（CIP）数据

生态文明新时代企业环境会计的改革与发展 / 孙瑜著. -- 北京：企业管理出版社，2021.10

ISBN 978-7-5164-2246-5

Ⅰ. ①生… Ⅱ. ①孙… Ⅲ. ①企业环境管理－会计－研究－中国 Ⅳ. ①F275.2

中国版本图书馆CIP数据核字（2020）第185757号

书　　名： 生态文明新时代企业环境会计的改革与发展
作　　者： 孙　瑜
选题策划： 周灵均
责任编辑： 张　羿　周灵均
书　　号： ISBN 978-7-5164-2246-5
出版发行： 企业管理出版社
地　　址： 北京市海淀区紫竹院南路17号　　邮编：100048
网　　址： http://www.emph.cn
电　　话： 编辑部（010）68456991　发行部（010）68701073
电子信箱： emph003@sina.com
印　　刷： 北京虎彩文化传播有限公司
经　　销： 新华书店
规　　格： 710毫米×1000毫米　16开本　10.75印张　160千字
版　　次： 2021年10月第1版　2021年10月第1次印刷
定　　价： 58.00元

前　言

改革开放40多年来，我国的经济建设取得了巨大成就，目前已跃升为世界第二大经济体，为实现中华民族伟大复兴的中国梦奠定了坚实的物质基础；人民生活水平持续改善，综合国力显著增强。但是，我们也应当清醒地认识到，以经济高速增长为中心的成就取得的背后是资源和生态环境付出的巨大代价。当前，我国的环境保护事业虽然取得了明显的发展，但依旧面临着资源能源短缺、环境污染严重、生态系统退化的严峻形势。根据国家相关部门的调查结果，中国现有土壤（水力和风力）侵蚀总面积超过国土面积的30%；荒漠化和沙化土地面积接近国土面积的一半；森林覆盖率只有22.96%，自然湿地面积呈现逐年减少的趋势，污染物排放总量仍然处于高位。根据《2018年中国生态环境状况公报》统计，全国338个地级以上城市中，217个城市环境控制质量超标，占64.2%；338个城市发生重度污染1899天次，严重污染822天次；环境空气质量超标城市比例为66.3%；全国荒漠化土地面积261.16万平方千米；酸雨区面积占国土面积的5.5%。我国的生态环境依然面临着严峻的形势，生态环境保护仍滞后于经济发展，部分地区环境污染问题较为突出，影响着正常生产生活和社会可持续发展。与此同时，城镇化的快速发展必然带来能源及其他矿产资源需求量的急剧上升，而且中国能源资源以煤炭为主。这些因素会为生态环境带来巨大压力。

为了改变这一状况，在我国经济社会发展不断深入的同时，应当将生态文明建设的地位和作用摆在突出的位置，重视和加强生态文明建设。生态环境保护功在当代、利在千秋，建设生态文明，关系人民福祉、关乎民族未来。生态文明是人类文明发展到一定阶段的产物，是反映人与自然和谐程度的新型文明形态，体现了人类文明发展理念的重大进步。面对日益严峻的生态环境问题，我国政府高度重视生态文明建设，不断制定和推出生态文明建设的战略决策和发展方案，坚持绿色发展，把生态文明建设融入经济建设、政治建设、文化建设、社会建设各方面和全过程，加大生态环境保护力度，推动生态文明建设在重点突破中实现整体推进。

生态文明建设是一项复杂的系统工程，推进生态文明建设需要坚持系统思维，综合运用行政、市场、法治、科技等多种手段，构建生态环境治理体系，全方位、全地域、全过程开展生态环境保护建设，推动形成人与自然和谐发展现代化建设新格局。制度建设是生态文明建设的重中之重，只有实行最严格的制度、最严密的法治，才能为生态文明建设提供可靠保障。改革开放特别是党的十八大以来，我国制定出台和修订完善了一系列关于生态文明建设的制度规定和法律法规，生态文明制度体系日趋完善，推动生态环境质量持续好转。但是，我国生态文明建设仍不同程度地存在体制不完善、机制不健全、法治不完备的问题，造成生态文明制度体系的合力不足、驱动不够、执行不力，影响了生态文明建设的进程。

会计是人类社会生产活动中输出决策有用信息、引导资源有效配置的一种重要的制度安排，是推动人类文明发展的重要力量。传统的财务会计在工业文明时代物质经济利益至上理念的影响下，为所有者资本收益最大化的目标服务，为社会财富的增长和经济利益的分配发挥了重要作用。随着人类社会由工业文明时代逐步过渡到生态文明时代，人与自然和谐共生成为时代发展的新要求，传统的财务会计由于其固有的缺陷无法专门反映与资源和生态环境保护相关的交易和事项，导致无法输出高质量的资源和生态环境的会计信息，无法引导生态环境资源的合理配置，客观上对于生态环境的破坏起到了放任甚至加剧的作用。因此，在新的时代背景下，会计的角色和功能需要依据新的社会实践特征做出进一步的深化、调整和加强。企业作为经济活动的主体，其生产及经营活动会对生态环境产生重大影响，是资源能源的主要消耗者和环境污染的主要制造者，应当肩负起环境保护和污染治理的主要责任。因此，深化企业环境保护制度改革、推动企业环境会计制度建设，成为新的历史时期企业会计领域改革的重中之重。这既是促进会计事业持续稳定健康发展的需要，又有利于充分发挥会计对于经济社会发展和生态文明建设的基础性作用。

本书以“生态文明新时代企业环境会计的改革和发展”为题，在可持续发展理论、绿色发展理论、企业社会责任理论、环境产权经济学理论和会计信息系统理论的支撑下，主体部分从理论和实践两个层面系统论述了生态文明新时代我国企业环境会计的改革和发展问题。其中，理论层面从会计目标、会计假设、信息披露和会计核算等方面构建出了生态文明新时代特征的企业环境会计基础理论；实践层面则是遵循提出问题、分析问题和解决问题的研究范式，分析了目前我国企业环境会计的现状及存在的问题，并有针对性地提出了推动企业环境会计改革和发展的政策建议，规划了推动企业环境会计发展的现实路径。另外，山水林田湖草是生命共同体，森林资源蕴含的生态价值对于生态文明建设具有特殊重要的意义，森林资源的保护监管是生态文明建设的核心内容，林业会计因此可以视为企业环境会计的特殊领域。基于此，本书副体部分论述了生态文明新时代林业企业会计改革和发展的若干问题。

孙 瑜

2021 年 8 月

目　录

第一章　绪论

第一节 研究背景

一、生态环境问题的哲学渊源

辩证唯物主义是马克思主义哲学的重要组成部分，依据辩证唯物主义认识论的观点，人类所从事的基本活动，可以高度概括为认识世界和改造世界两项，其中，以满足人类生产并以此为基础进而改造客观世界为目的而从事的生产实践，是人类所从事的实践活动中最基本的一项，它潜移默化地影响并最终决定着人类社会产生、存续和发展的态势，决定着各种纷繁复杂社会关系的形成和演变，是人类从事政治领域、经济领域、科学艺术领域等实践活动的坚实基础。从人类与自然界的互动形式和内容方面看，生产实践同时也扮演着人与自然之间物质、能量与信息“交换机”的角色。马克思主义认为，人类是自然界万千生物物种当中的一类，是隶属于自然界的，自然界的长期进化是人类得以产生的历史条件，人类的生命活动始终是在自然规律的支配之下开展和完成的。在自然界的长期演化中，人类天然地形成了优于其他物种的智能，并构建起了复杂程度较高的社会组织和网络关系体系。纵然人类具备其他有生命物种和无生命物质所不具有的多种特性，尤其是高度的创造性和能动性，但是“人类作为生物物种的一种自始至终先天后天都是自然界的一部分”的事实从未改变。人的生存和发展需要从自然界中汲取物质和能量作为营养补给，自然界是人类生活的依托。物质资料生产劳动是人与自然能够相互作用的主要方式，在人类的劳动过程中不可避免地会产生以下三方面的后果：一是从自然界汲取物质能量等营养并将其应用于客观物质对象改造的过程中势必会结束自然界的原始平衡状态；二是在生产活动的过程中依据生产活动的基本原理势必会伴随着废弃物的排出，这些废弃物最终会通过不同渠道源源不断地释放回自然界；三是生产活动的直接结果是各种产品和服务，并借助于市场等经济条件转化为物质财富。在上述后果中，第三个方面的后果是人类改造世界进行生产活动的直接性、主观性和积极性的后果，前两个方面的后果则是人类改造世界进行生产活动的伴生性、客观性和消极性的后果。随着生产力的发展和生产实践的推进，以上两类性质截然不同的后果也在同时增长，该量变过程不断延续，直至情势发展至消耗的资源和排放的污染物突破了地球生态环境的承载力的约束，最终发生质变酿成生态环境问题，这是人类社会生态环境问题存续的哲学根源。从认识论的角度看，生态环境问题的产生与人类不正确的思想观念高度相关，包括人类中心主义的世界观、人类私利主义的道德观和价值观、片面的伦理观以及执政者不合理的政绩观等。

二、生态环境问题的演变

生态环境问题开始于人类的出现，加剧和恶化于生产力发展和人类文明程度提高的漫长历史进程。放眼人类历史的长河，生态环境问题分布于人类社会发展的所有阶段，只是分布表现出不均匀的特点，在不同的历史阶段，由于生产力、科技等社会发展主导因素的差异，生态环境问题的性质、规模和表征等也存在显著区别，表现出非线性的发展趋势。从人类出现到农业文明这段历史时期，社会生产力和科学技术发展整体水平低下，人类社会逐步实现了从采集狩猎为特征的游牧生活到耕种养殖为特征的定居生活的演变，从彻底被动性地依靠大自然逐渐演变为主动性地利用土地、生物、水和海洋等自然资源。人类农牧业生产的发展、城市的建立和扩大，是与森林砍伐、草原毁坏分不开的，由此导致了局部区域性环境的破坏，只是在当时人类还可以通过迁徙的方式来规避环境问题，因而环境问题“疾在腠理”，并未对人类的生存权益造成实质性破坏进而在一定程度上被掩盖，无法引起人类足够的重视。不过总的来看，原始人类时期和农牧业社会时期的环境问题的性质主要是自然资源环境破坏问题，对生态环境开始造成初步的伤害，但是这种伤害是浅表层次的，尚能够被生态系统天然携带的吸收和转化等调节功能所化解。因此，这个时期环境问题处于量变的起步阶段，人类与自然的关系总体是平静而和谐的。

伴随着人类力量的壮大，人类中心主义的观念开始抬头，人类利用自然与征服自然不可避免地成了人类挑战自然权威并宣示其自然界霸主地位的不二手段，生态环境问题的量变开始呈现加速的态势，由“疾在腠理”迅速发展到“疾在肌肤”“疾在肠胃”。始于18世纪60年代的工业革命以压倒性的气势、前所未有的规模和幅度颠覆了农业文明时代的生产力和科技水平，全方位提升了人类改造自然的能力、爆棚了人类征服自然的野心，在能力和动机两种因素的驱使下，人类开始狼吞虎咽般进食生态环境资源，消耗强度逐渐加大并最终跨越了生态系统最大承载能力的红线，酿成了生态环境问题的质变，引发了全球气候恶化、自然资源短缺和耗竭、全球性环境污染等群发性生态环境问题。马斯河谷烟雾事件（Massey valley smoke incident）、多诺拉烟雾事件（Donora smog incident）、伦敦烟雾事件（London smog disasters）、水俣病事件（Minamata disease incident）、四日市哮喘事件（Yokkaichi asthma episode）、米糠油事件（Yusho disease event）、疼痛病事件（Itai-itai disease incident）、洛杉矶光化学烟雾事件（Los Angeles photochemical smog episode）等公害事件频发，生态环境问题表现出扩大化、复杂化和全球化的消极趋势，如同黑云压城一般使人类的生存空间布满了阴霾。尤其是21世纪以来，随着各领域全球化程度的加深和生产力、科技水平继续被拔高，生态环境恶化持续在全球范围蔓延，环境问题时至今日已经形同定时炸弹，如果依旧不被重视和采取措施，在未来的某个时点，“死神来了”或将真实上演，“疾在骨髓，臣是以无请也”，地球也将因此走向毁灭[①]。

从我国生态环境的状况来看，改革开放以来，纵然经济建设成就斐然，综合国力、人民生活水平持续提升，但是在这个“高光”的背后也被实实在在地贴上了高能耗、高排放、高污染的“三高”标签，福建紫金矿业污染事件、广西龙江河镉污染事件等重大环境污染事件时有发生，环境状况已经处于亚健康状态。近年来，在新的发展观的引领下，情况虽有所好转，但是并未从根本上彻底摘掉“三高”的帽子。据统计，2018 年，我国的 GDP 约占全球总量的 16%，能源消费总量却占全球一次能源消费总量的 23.6%，本应大致相等的指标却相差了约 8 个百分点。可以看出，我国的经济增长仍然是身负着沉重的能源消耗和环境污染的包袱。

三、积极应对生态环境问题

面对急剧恶化的生态环境形势，一些秉持先进环境保护理念的国际组织和个人开始担当起先锋者的角色，积极探索并致力于全新发展理念的研究、探索和宣传，可持续发展理念和与之一脉相承的绿色发展理念由此相继孕育而生，并逐渐演化为时代发展的旋律。其中，可持续发展理念初步形成于 20 世纪 80 年代，核心理念强调当代人和后代人代际之间发展的可持续，强调当前需要和未来需要的动态平衡，展现出了可持续发展的公平性、持续性和共同性三原则。可持续发展理念描绘出了一个理想层面的社会存续状态，在这种状态下，环境是优良的、气候是适宜的、贫困是被消除的、公司治理是完备的、社会治理是完善的、社会是充满了包容和关怀的，对后代是体恤的。其中，缔造优质的生态环境是可持续发展理念首当其冲的方面，这是由于，只有处在优质的生态环境中，可持续发展的其他内容才有条件去实现。

①本段落中的典故均出自韩非的《扁鹊见蔡桓公》。

只有真正有效地保护好生态环境，正确处理并维持好人与自然之间和谐统一的辩证关系，才能为可持续发展其他方面理想的实现垫好铺路石。绿色发展理念则是脱胎于绿色经济和绿色增长的基础理论，该理念是可持续发展理念的补充和升级，核心诉求在于创设并维持经济、社会和自然三大系统之间的整体性和协调性，追求经济、生态和社会三种效益的兼收并蓄彼此包容，并将提升人类福祉和实现社会公平确定为最高的愿景。绿色发展理念的先进性尤其体现为更强大的时代特征和更巨大的创造价值。优质的生态环境，是可持续发展的首要方面，也是绿色发展考卷上需要解答的第一道试题。

从中国国内应对日益严峻的全球性生态环境问题的举措来看，国家层面一贯高度重视生态环境保护建设。早在1973年，全国环境保护会议即通过了环境保护工作方针，制定了国内首个环境保护文件。1979年将每年的3月12日确定为植树节，启动三北防护林营造工程。1983年，保护环境被确定为基本国策，同时制定了环境保护的总方针、总政策，由此开创出了一条符合我国国情的环保制度建设的大道。1982年，环境保护部成立，紧接着1984年国务院环境保护委员会成立，统领全国环境保护工作。1988年，环境保护局成立。1994年，《中国21世纪议程》发布，该文件系统阐述了我国的可持续发展战略的相关内容，并专门阐述了资源合理利用和环境保护的内容。2000年，《全国生态环境保护纲要》公布，强调了环境保护、自然资源合理利用和生态安全等内容。2008年环境保护部设立。2018年，生态环境部成立，负责建立健全生态环境基本制度等十六项职责。国家环境保护机构建设日臻完善，体现出生态环境保护被摆放到愈发重要的位置。党的十四届五中全会、十五大和十五届三中全会，陆续发展和完善了可持续发展战略，提出了“两个根本性转变”，可持续发展升格为了指导经济社会发展的总体战略，生态环境保护成为改革开放和现代化建设不可分割的内容。1997年通过、2007年修订的《中华人民共和国节约能源法》将节约资源以基本国策的形式确立下来。2003 年，党的十六届三中全会提出，“坚持以人为本，树立全面、协调、可持续的发展观，促进经济社会和人的全面发展”。2005 年，在中央人口资源环境工作座谈会上，“生态文明”的概念被正式提出。2007 年，党的十七大将建设生态文明确定为全面建设小康社会的重要目标，并在报告中指出，“建设生态文明，基本形成节约能源资源和保护生态环境的产业结构、增长方式、消费模式”。

党的十八大做出了“大力推进生态文明建设”战略部署，首次明确了“美丽中国”是生态文明建设的总体目标。党的十八大以来，生态文明建设成为统筹推进“五位一体”总体布局和协调推进“四个全面”战略布局的重要内容，党和政府开展了一系列有针对性的工作，提出了新思想、新理念、新方法，把坚持人与自然和谐共生纳入了经济建设的基本方略，把绿色发展加入了新发展理念，通过制定严格的制度、推行强有力的举措，将生态文明建设不断推向前进。党的十九大历史性地将“美丽”二字写入社会主义现代化强国目标，提出“坚持人和自然和谐共生”的基本方略，要求“加快生态文明体制改革，建设美丽中国”[①]。

从国家整体层面的环境保护支出方面看，随着国家层面对环境保护重视程度的提高和环保政策的不断出台，全国环境污染治理投资额和城市环境基础设施建设投资额均呈现出上升的趋势，如图 1-1、图 1-2 所示。

①全国干部培训教材编审指导委员会．推进生态文明，建设美丽中国［M］．人民出版社/党建读物出版社，2019.

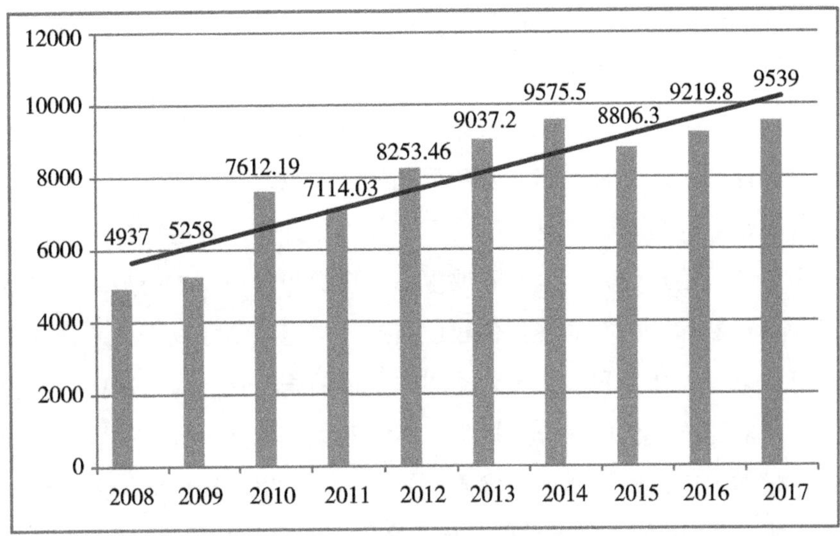

图 1-1 2008—2017 年中国环境污染治理投资额（单位：亿元）

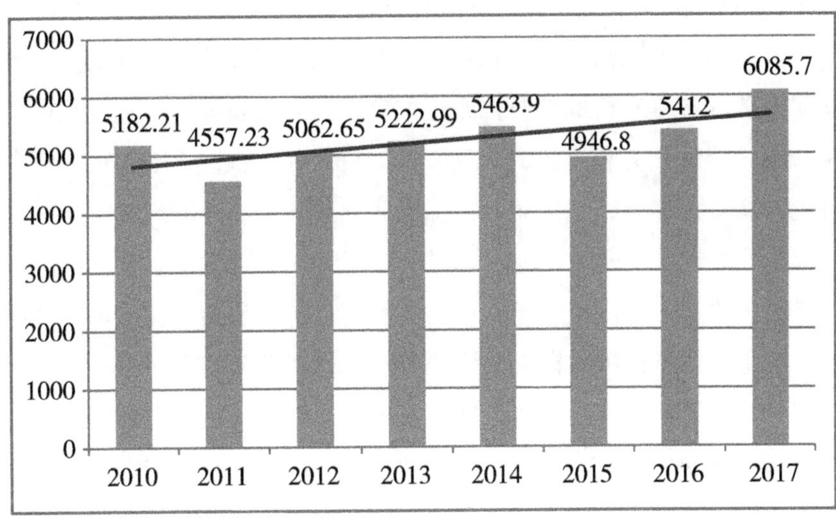

图 1-2 2010—2017 年城市环境基础设施建设投资额（单位：亿元）

四、生态文明建设与企业环境会计

生态环境建设具有规模性、系统性、复杂性和多元共治性，无论是生态环境的修复、治理还是保护都不是哪个部门、哪个行业领域可以凭借一己之力完成的项目，而是需要社会公众跨行业共同参与的工程。因此，生态文明建设要充分考虑到这一点，树立起全局性的思维和整体性的观念，将生态文明建设和经济、政治和文化等各领域的建设有机结合，行政、市场、法治等多种手段并用，打造综合性立体化的生态环境治理体系，全面开展生态环境保护建设，才能最终形成基于人与自然和谐的新的现代化建设格局。生态文明建设需要充分调动政府、市场、社会和个人等利益相关主体的积极性，通过这些利益相关主体的协同合作，充分发挥各主体的职能和优势，拧成一股绳，创造出规模效应，确保形成最优质的效果。“在生态环境保护上一定要算大账、算长远账、算整体账、算综合账，不能因小失大、顾此失彼、寅吃卯粮、急功近利”，生态文明建设如此庞大系统的工程离不开会计学科的支持，需要会计发挥好本质功能，扮演好“账房先生”的角色。

放眼历史的长河，会计总是与人类文明相伴而行，会计既是人类文明发展的产物和组成部分，亦是推动人类文明发展的力量。长期以来，会计伴随社会和经济的变迁、科学技术的进步，不断实现着自身理论与实务的变革，标准化与再标准化循环往复，逐渐完成了传统会计向现代会计的演变。在过去 40 多年的改革开放和建设社会主义市场经济秩序中，会计在经济组织中引导和实现价值创造、在市场经济中实现资源优化配置和调节经济利益分配，起到了不可替代的强大作用。可以说，我国经济体制改革与转型发展取得伟大成就，会计在其中扮演了不可或缺的角色。从会计改革的动因方面看，在生产力和生产关系进步、经济社会环境变迁以及社会价值观念转变等因素的驱动下，会计所处的经济环境、经济业务形式和业务资金运动方式不断变化，但是会计理念、会计理论和会计实务往往表现出滞后性，在一段时期内难以满足服务经济社会发展实践的要求，由此催生了会计的变革。面对日益复杂的国际政治与经济环境，我国的经济体制改革与发展也面临严峻的挑战。随着新发展理念日益深入人心，供给侧结构性改革持续深入推进，我国发展方式加快转变，结构效益不断改善，经济进入新的增长周期。新周期给会计的发展带来了新的机遇，同时也带来了诸多风险和挑战。经济体制改革是全面深化改革的重点。会计是经济体制中决策有用信息的重要加工制造者，是实现经济社会资源优化配置的重要工具，会计制度只有得到进一步深化改革才能摆脱固有的滞后性，实现与经济发展、科技进步和生态文明建设步伐的协调一致。党的十九大明确了我国社会主要矛盾的历史性变化，其中，人民群众日益增长的优美生态环境需要与更多优质生态产品的供给能力不足之间的矛盾是社会主要矛盾新变化的一个重要方面。企业作为与生态环境污染、保护和治理息息相关的市场主体，其在生产经营过程中有关生态环境保护和治理方面的做法及结果势必引发利益相关方更加强烈的关注，而信息披露是企业外部利益相关方知悉洞察企业内部各方面信息的重要窗口，因此，这将提升外部的利益相关方对企业所披露会计信息中环境会计信息的需求，如政府各层级环保部门、监管机构会依据更高质量的环境会计信息做出更有效的生态环境保护及绿色发展的决策。企业的会计信息系统因此需要输出更高质量的、更加符合利益相关者期望的环境会计信息。但是，以经济利益核算为中心的传统企业财务会计由于其固有的本质特征，无法专门、有效地核算和监督企业存在和发生的与生态环境保护相关的交易和事项，尚无法充分满足环境会计信息使用者的需求，因此，企业涉及生态环境方面业务的会计处理和会计信息输出必须诉诸专门的会计分支——企业环境会计。

环境会计一般被认为产生于20世纪70年代，它作为传统会计学与环境经济学学科交叉形成的产物，以协调经济发展和生态环境保护为目标，专门就会计主体存在和发生的与资源和生态环境相关的交易和事项进行会计处理。环境会计依据会计主体性质和范围的不同，可以划分为宏观环境会计和微观环境会计。其中，微观环境会计一般以企事业单位为会计主体，具体到企业就是企业环境会计。企业环境会计能够弥补传统企业财务会计无法专门、全面、真实地核算和监督企业存在和发生的与生态环境相关交易和事项的固有缺陷。积极推动企业环境会计的改革、发展和推广应用，对于企业输出更高质量的环境会计信息、提高企业自身的社会责任意识、实现企业生产发展与环境资源相协调等具有重要的现实意义，对于国家战略层面的产业转型和升级、经济绿色和高质量发展同样具有助推作用。因此，企业环境会计是会计在微观经济领域参与生态文明建设的重要制度安排，积极推动企业环境会计的改革、发展和推广应用是生态文明新时代遵循经济、社会发展规律的必然选择。但是，从发展的现状来看，我国企业环境会计尚处于起步的初级阶段，存在着理论建设不成熟、实践发展不充分的问题，目前无法有效参与到生态文明建设进程中，无法发挥对生态文明建设的服务功能。因此，在新的经济社会背景下，有必要重构企业环境会计的基础理论，透析企业环境会计的改革和发展实践，为企业环境会计的改革、发展和推广应用谋划出可行的方案，这也是本书的立意所在。

第二节　研究内容和研究方法

一、研究内容

本书立足于我国走向生态文明新时代、建设美丽中国、扎实推进生态文明制度体系建设的现实背景，针对目前企业环境会计制度落后，无法发挥服务于生态文明建设作用的现实问题，探讨了企业环境会计的改革和发展问题。本书基于可持续发展理论、绿色发展理论、企业社会责任理论、环境产权经济学理论以及会计信息系统理论，系统阐述了推动企业环境会计改革和发展的重要意义，在理论层面从会计目标、会计假设、会计信息质量特征和会计核算方面重构了企业环境会计的基础理论，在实践层面阐述了国外企业环境会计的发展概况，总结了其发展经验，透析了我国企业环境会计的现状及存在的问题，设计了推动企业环境会计改革与发展的方案。最后基于森林资源对于生态文明建设的特殊重要意义，研究和探索了林业企业的会计改革和发展的若干问题。

本书共由 7 章构成。

第一章“绪论”。揭示了本书的研究背景，指出了本书研究所针对的问题，概述了本书的研究内容、研究方法、框架结构和创新之处；界定了统领全书的一些核心概念。

第二章“理论基础”。阐述了可持续发展理论、绿色发展理论、企业社会责任理论、环境产权经济学理论和会计信息系统理论以及各理论与本书内容的关系，作为本书的基础理论。

第三章“企业环境会计改革与发展的意义”。从推动建立宏观环境会计制度、完善生态文明制度体系建设、促进会计事业发展、促进绿色发展和履行企业社会责任 5 个方面论述了生态文明新时代推动企业环境会计改革和发展的重要意义。

第四章“企业环境会计基础理论”。从会计目标、会计假设、会计信息质量特征和会计核算方面重构了生态文明新时代企业环境会计的基础理论。

第五章“国外企业环境会计的发展概况与经验总结”。阐述了国外企业环境会计的整体发展概况，以及美国、加拿大、日本、韩国和欧洲的企业环境会计发展概况，总结了国外企业环境会计发展的先进经验。

第六章“我国企业环境会计的改革和发展”。阐述了我国生态环境的基本状况、我国生态环境保护法律制度建设的状况，系统分析了我国企业环境会计的发展现状和存在的问题，提出了推动企业环境会计改革与发展的若干政策建议，并设计了具体的实施路径。

第七章“林业企业会计核算的改革和发展”。阐述了森林资源对于生态文明建设的特殊重要意义，回顾了林业企业会计的改革和发展历程，分析了目前林业企业会计制度存在的问题，提出了推动林业企业会计改革与发展的政策建议。

本书的框架结构如图 1–3 所示。

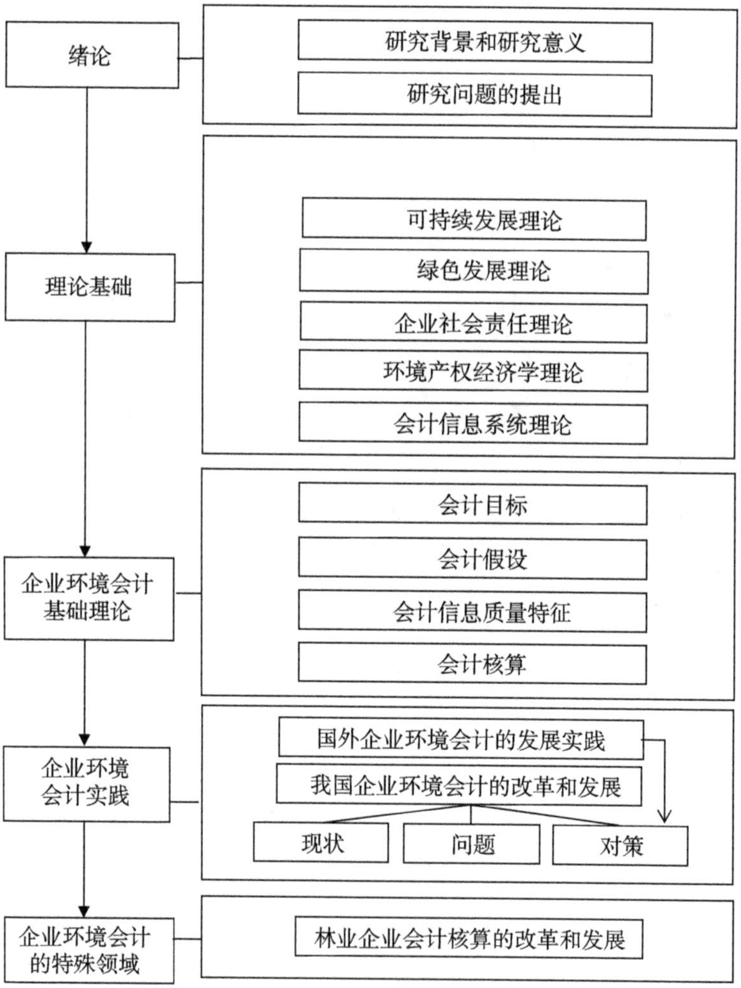

- 绪论
  - 研究背景和研究意义
  - 研究问题的提出
- 理论基础
  - 可持续发展理论
  - 绿色发展理论
  - 企业社会责任理论
  - 环境产权经济学理论
  - 会计信息系统理论
- 企业环境会计基础理论
  - 会计目标
  - 会计假设
  - 会计信息质量特征
  - 会计核算
- 企业环境会计实践
  - 国外企业环境会计的发展实践
  - 我国企业环境会计的改革和发展
    - 现状
    - 问题
    - 对策
- 企业环境会计的特殊领域
  - 林业企业会计核算的改革和发展

图 1–3　研究框架结构图

二、研究方法[①]

无论何种科学研究，都必须建立在科学严谨的研究方法基础之上，只有这样才能使研究所得结论稳健和可信。本书旨在透析企业环境会计发展存在的难题、探索推动企业环境会计改革和发展的方案，以期能够在理论上丰富和拓展生态文明建设理论和企业环境会计理论的相关研究成果，在实践上为政府环境保护部门等利益相关方提供推动企业环境会计改革和发展的政策建议。基于该研究目的，本书主要采用了规范分析的研究方法，以规范分析进行理论推演，遵循“提出问题—分析问题—解决问题”的研究范式。具体而言，主要运用了文献研究法、理论归纳法、历史研究法和类比研究法 4 种研究方法。

文献研究法是指首先对相关文献进行收集、分类和整理等的具体操作，进而对整理后的文献进行系统分析研究后获取研究对象理论和知识的研究方法。本书依据文献研究法的操作步骤，对国内外企业环境会计的研究成果进行了细致的专题性文献回顾和评述。通过该研究方法的应用，既获取到了现有企业环境会计研究中有价值的研究结论，又捕捉到了现有企业环境会计研究的不足之处，从而为本书研究思路的铺陈和具体内容的写作提供了重要的依据。

理论归纳法是指假定同类事物服从同样的规律，根据一定数量过去发生的或者现有的同类经验性事物，从中总结出这些事物共同遵循的基本规律，并将这些规律应用于其他新的同类事物的科学研究方法。企业环境会计属于学科交叉形成的会计分支，因此，其基本的原理势必会遵循会计的基本原理。本书主要在企业环境会计基础理论构建部分应用了该种研究方法，在一般性会计基本理论的基础上依据企业环境业务的特征构建出了企业环境会计的基础理论。另外，本书单独创设一章的篇幅阐述了可持续发展理论、企业社会责任理论等本书应用

①部分内容参考了 MBA 智库网。

的基础理论，以基础理论指导本书全部内容的创作，也体现了该研究方法的精神。

历史研究法是指借助于对所研究事物历史信息的挖掘、整理和分析，总结该事物历史发展脉络及规律性，探究该事物历史和现状的关系，以指导对该事物现状的认知分析以及未来状况的预测。该研究方法的重点是对研究事物的历史发展脉络的准确梳理以及发展规律的准确总结。本书从国际和国内两个方面分别回顾了企业环境会计的发展历史，通过对国外企业环境会计发展历史的回顾，为推动我国企业环境的改革和发展提供了宝贵的经验和启示；通过对我国企业环境会计发展历史的回顾，更加清楚地认识到当前企业环境会计改革和发展的限制性因素，为有针对性地提出未来改革和发展的方案提供了重要的参照。

类比研究法是指依据两种事物在部分属性上的类同性，推定在其他属性上也可能存在类同的一种研究方法。该方法适用于有类同属性参照物的新事物的研究。本书的研究对象企业环境会计的现有研究成果虽然较为丰富，但是企业环境会计的实践发展处于起步的初级阶段，其基础理论和基础实践制度尚未形成，性质上依然属于新事物的范畴，尤其是基于生态文明新时代背景下的企业环境研究成果较为稀缺，使得本书的研究实质上可参考的研究成果并不多。考虑到传统企业财务会计历经较长时期改革和发展的过程，截至目前已经建立起相对成熟、稳定的企业财务会计体系，虽然与企业环境会计在业务形式和内容、会计目标、会计原则和会计核算等方面存在差异，但是二者同属于会计的分支，在最本质的机理上具有较大的公约数。因此，本书对于企业环境会计部分内容的研究以企业财务会计为参照进行了类比研究。

另外，本书虽未大篇幅采用实证研究方法，但是在研究过程中注重了实证分析与规范分析的结合，在我国生态环境现状部分、企业环境会计信息披露部分以及林业企业会计改革和发展部分等，通过呈现真实的历史和现实数据，增强了相应理论研究内容的稳健性。

第三节 核心概念界定

一、生态文明

清楚界定生态文明的概念，透彻理解生态文明的内涵，既是准确理解“生态文明新时代”的前提，也是推进生态文明建设的首要任务。整体而言，生态文明的概念包含的内容较为丰富、外延范围较为宽泛。生态的说法脱胎于古希腊文字，原意是一切生物的生存状态，以及生物与生物之间、生物与环境之间纷繁复杂的关系；文明是指能够被绝大多数人认可接受的、经过历史长时间积淀下来的，可以帮助人类认识和适应客观世界的、具有正能量的、符合人类价值观和精神追求的人文精神、创造发明以及风俗制度等的总和，笼统地讲，文明指的就是人类历史上创造的所有财富特别是精神财富，人类社会的进步就是文明的突出体现。将“生态”和“文明”组合在一起来看，则是指人类文明中体现人类社会与自然界和谐程度的一种状态，和谐的内容既包括人与人，也包括了人与自然、人与社会。生态文明如同政治文明等其他文明，均属于历史范畴，随着历史年轮的推进和人类文明的发展不断由初级到高级进阶（见图 1-4）。建设生态文明，实际上是将资源环境承载能力作为约束，将自然规律作为行为遵循，以人与自然和谐与可持续发展为导向，在保证生产生活有序发展的基础上，坚决走生态良好的文明发展道路。

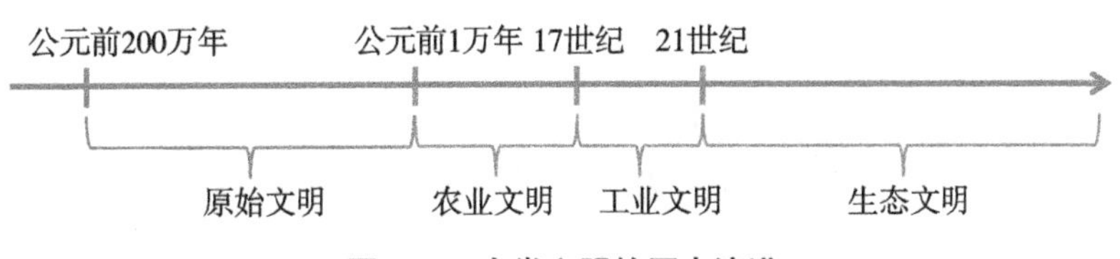

图 1-4 人类文明的历史演进

生态文明的价值和意义表现在，生态文明是区别于过去农业文明和工业文明的新的更高端的文明形态。生态文明与人类的命运和地球的安危息息相关，是牵涉到人与自然、人与人、人与社会和谐共生的重大问题。生态文明的产生是基于对过去发展方式冷静思考的结果，是发展的一次良性质变，工业文明虽然是生态文明的前身和基础，但是生态文明没有照搬甚至否定工业文明，而是对工业文明的弊端进行修正后的一次超越，依据经济社会发展的基本规律可推知，生态文明的出现是时代发展的必然。

人与自然和谐共生是生态文明最核心的理念和最崇高的追求。这是由人与自然的关系是人类社会最基本的关系这一定位决定的。一方面，现代生物进化论主张，人类是从低等生物进化而来，是自然界的产物。人类出现以来就与自然天然地交织捆绑在了一起，在相互作用的过程中联结成为休戚与共的生命共同体。人将自然作为生存的依靠和发展的根本，由此创造了灿烂的文明，在这个发展过程中，人与自然的关系先后经历了依附自然、改造和利用自然、与自然和谐共生的基本过程，人类应当对自然怀揣敬畏和感恩之心，以生身之母的超然地位看待自然，决不能做出违背自然规律并企图凌驾于自然之上“主宰”自然的忤逆行为。另一方面，感恩和顺从自然并非完全听由自然，也不是将自然神灵化供奉起来，这将造成自然资源未充分开发利用、人类文明无从创造的局面，导致人类社会停滞不前甚至退化。人类社会要向前发展，就要在尊重自然尤其是自然规律的前提下，发挥出人类超越其他物种的能动性和创造性，借助于实践活动丰富多样的形式，按照自然规律，有目的地、科学地利用和改造自然，以履行好人类生存繁衍的最基本使命，并在此基础上不断革新生存和发展方式，创造人类的文明。综上两个方面，生态文明的核心要义就是要处理好人与自然的关系，遵循适度原则，利用保护同步，以实现经济、人口、资源、环境 4 个要素的动态平衡。

二、生态文明新时代

新时代是指中国特色社会主义进入了新时代。其中，生态环境有序恢复是新时代的新特征之一，该特征要求不再以牺牲环境求发展，代之以节约优先、保护为重，以此营造出人与自然和谐共生的生态环境，打造美丽中国。

党的十八大将生态文明建设纳入中国特色社会主义事业总体布局，提出了建设美丽中国、实现中华民族永续发展以及走向社会主义生态文明新时代的战略目标和战略要求。党的十九大报告明确将“美丽”作为社会主义现代化强国的基本特征，把“坚持人与自然和谐共生”纳入新时代坚持和发展中国特色社会主义的基本方略，指出“建设生态文明是中华民族永续发展的千年大计”，从而进一步明确了社会主义生态文明的战略地位，为走向社会主义生态文明新时代指明了方向。

党的十八大以来，习近平总书记从中国特色社会主义事业“五位一体”总体布局的战略高度，对生态文明建设提出了一系列新思想、新观点、新论断，形成了完整、系统、科学的理论体系。习近平总书记关于生态文明建设的重要论述是对马克思主义生态观的升华，是对中国特色社会主义理论体系的丰富和发展，是以人民为中心发展思想的重要体现，开启了生态文明建设新时代，为建设美丽中国提供了根本遵循。

三、企业环境会计

“环境会计”一词从字面上初步来看是“环境”和“会计”的结合物，对于环境会计概念的理解可以首先从拆分的这两个名词分别释义入手。

首先，从“环境”方面看，环境是指以某个主体为中心的周围相关的各种事物。《世界百科大全书》将其定义为“生物体周围的物理和生物要素”；联合国环境规划署（UNEP）则将其定义为“生物个体或群落的所有的外部自然影响因素和人为影响因素”；《辞海》将其定义为“人类和其他生物赖以生活、生存的所有空间、资源以及其他影响因素的总和”；我国环境法将其定义为“影响人类生存和发展的自然因素的总和”。从对环境的不同的定义来看，环境描绘的对象总是某一中心事物，环境的内容是该中心事物的周围影响元素，即围绕某个中心事物的外部空间、条件和状态一起构成该中心事物的“环境”，这是广义上的环境概念；而狭义上的环境，中心事物特指人类自身以及强调以人类自身为主体的外部空间、条件、状态等元素的总和。

其次，从“会计”方面看，管理活动论和信息系统论是关于会计本质的两种主流而具有权威性的观点。其中，前者认为会计是经济管理活动的范畴，通过确认、计量和记录等专业方法将原始经济信息转换为会计语言即会计信息，通过分析、检查等技术手段，识别、评估和控制战略分析、战略选择和战略实施阶段的各种风险，以确保企业稳定发展的基础上提升经济效益；后者认为会计就是一个信息系统，通过收集原始经济信息，把经济信息转化为会计语言，并经过加工处理以特定的形式输出。以上两种观点对于会计本质的看待只是选取的侧重点不同，并不存在根本目的和本质意义上的区别。

关于环境会计的概念，从文字意义上讲，环境是会计的修饰词，会计是环境会计的主语。也就是说，会计是环境会计的立足点，环境指明了会计服务的具体业务对象。关于环境会计的概念，理论界尚未形成一致的观点，而且并存着“绿色会计”“生态会计”等不同的说法，这些说法没有本质意义上的区别，本书将其统称为“环境会计”。

20 世纪 90 年代，英国学者格雷将环境会计定义为“以交易和推进公共福利为目标，为了财富创造及保护资源，以资源拥有者和管理者认同的方式方法，来对资源耗费状况予以会计处理的会计”；威尔士大学的霍金森将环境会计定义为“反映人为资本和自然资本变动，以及二者之间转换状况的会计”；卡莫纳将环境会计定义为“可用货币和实物两种单位计量的，对全部社会环境资源有利的会计”；于玉林主编的《会计大百科辞典》将环境会计定义为“采用会计基本理论、方法以及多重计量属性，对企业的环境活动及其相关经济活动予以反映和控制的会计分支”；罗素清在专著《环境会计研究》中将环境会计定义为“借助于会计特有的方法，将会计和环境两种元素结合，对环境污染、防治和治理、环境资源开发和利用予以会计处理，向决策者输出环境会计信息”；张白玲在专著《环境核算体系研究》以及相关论文中将环境会计定义为“采用货币为主计量单位，对特定主体的经济活动与环境之间的互动关系予以会计处理的会计，这些关系包含了企业生产经营活动引致的资源消耗和环境污染状况、企业环境保护支出的成本与效益等”；孙恒和王彦卓在《企业绿色会计理论与实践应用研究》一书中将环境会计定义为“采用货币、实物单或文字等多种计量形式，依据相关法律法规，对企业的环境经济活动予以单独会计处理并进行管理，为决策者输出企业资源环境保护会计信息的一种经济管理信息系统”。

由于“环境”一词单纯强调将以企业为中心的环境元素作为会计处理的对象，而“环境”的范围是很大的；而“生态环境”则在明确环境元素作为会计处理对象的同时，强调企业同周边环境元素的系统性、整体性和关联性，更加符合可持续发展理念、绿色发展的要求、生态文明的思想和企业环境社会责任的内涵，与企业环境会计的“以促进实现人与自然和谐共生”根本目标具有一致性。因此，参照会计的普遍性原理、企业环境业务的特征和上述关于环境会计概念的代表性观点，本书认为，企业环境会计的全称应当是“企业生态环境会计”，是指以企业为会计主体，以货币为主要计量单位，借助于专门的技术方法，对企业存在或发生的与生态环境相关的交易和事项，包括生态环境资源的投入、消耗、补偿以及对生态环境贡献或破坏的价值，进行全面、综合、连续、系统的核算与监督，并向利益相关方报告的会计信息系统。

第四节　本书的创新之处

本书主要的创新之处是将企业环境会计与生态文明新时代理论和实践的深度融合。我国会计的改革和发展与改革开放的深入推进长期以来如影随形，立足于我国经济社会建设的实践，以中国特色社会主义理论体系为理论基础，形成了与时俱进的良好发展态势，有力地支撑了我国经济体制转型升级和对外开放，为我国物质财富的累积和社会主义市场经济的成长奠定了扎实的微观基础。会计作为社会细胞的信息生成机制，不仅记录和反映微观主体的经济行为、财务活动，还提供内部治理和外部识别的基本信息，是观察企业行为、产业结构和宏观经济变化的基本工具，在我国改革开放中发挥着举足轻重的作用。随着中国特色社会主义进入新时代，改革开放的力度进一步加大，推进生态文明、建设美丽中国成为新时代的重要特征，新特征孕育新的财产关系和新的业务形式，给会计的角色和功能提出了新的要求，会计必须适应新形势下的新要求及时做出变革深化自身功能，才能继续发挥应有的作用。另外，本书注意到国内现有的企业环境会计相关研究成果大都是基于我国进入新时代之前的理论和实践发展状况，取得的研究结论虽极富价值但从理论时效性的角度而言已经略显陈旧，尤其是无法体现新时代的新理论、新特征和新要求。理论只有来源于实践，才能更好地指导实践，因此，基于该创新性立意，本书探讨了生态文明新时代理论和实践背景下的企业环境会计改革和发展的问题，力求使研究成果最大限度地与实际状况接轨。

另外，“山水林田湖草是生命共同体”，森林资源对于新时代生态文明建设具有特殊的重要意义，森林资源的保护监管是生态文明建设的核心内容。本书注意到了当前林业企业的会计制度同样存在着制约生态文明建设进程亟待克服的弊端，因此，在主体研究部分之后本书在最后的副体部分进一步探讨了林业企业会计制度的改革和发展问题，同样深具研究价值。将企业环境会计的整体性研究和局部性研究有机地结合在一起，将生态环境污染的治理和生态价值的补偿有机结合在一起，这是本书的次要创新之处。

第二章　理论基础

理论是指由相互联系、具有内在逻辑关系的一系列概念、命题和解释构成的系统体系，是科学的重要载体和表现形式。理论与科学研究是“永动机”的关系，理论既是科学研究的成果，又可以用来指导科学研究，成为科学研究的动因，进而形成全新的理论，并对特定领域的事物进行解释和预测。虽然创新是科学研究的灵魂，但是科学研究并非是凭空想象闭门造车，所探究的事物在很大程度上需要站在前人的肩膀上，需要运用前人创设的理论去分析问题和解决问题。本书立足于我国走进生态文明新时代的现实背景，生态文明建设是具有系统性和多元共治性的庞大工程，必须与经济建设、政治建设和文化建设等各方面建设全面、全过程地有机结合，才能确保生态文明建设与其他各项建设协调推进，因此，本书必须借助于内容上能够包含上述各个领域的可持续发展理论和绿色发展理论作为理论支撑。另外，本书的研究对象是企业的环境会计，该研究对象包含了企业、环境、会计三个基本元素，因而研究过程需要借助于企业相关理论、环境相关理论与会计相关理论的支撑。具体而言，本书的理论基础包括可持续发展理论、绿色发展理论、企业社会责任理论、环境产权经济学理论和会计信息系统理论。

第一节　可持续发展理论

一、理论概述

现代可持续发展理论虽然源起于现代社会生态环境问题加剧的背景、国际上环境保护运动的开展和国际组织的推动，但是可持续发展的早期思想却可追溯到我国古代的春秋战国时期,《吕氏春秋·义赏》《论语·述而》《国语·鲁语》《荀子·王制》《孟子·梁惠王上》《管子·轻重》《管子·立政》《礼记·曲礼下》等作品中的观点以及齐相管仲在治理齐国时对于生态环境资源保护的思想,均体现出了“自然要取之以时、取之有度”的朴素的可持续发展思想。

20 世纪 50—60 年代,经济快速增长、城市范围扩大化、人口激增等社会各领域的深刻变化给原本就孱弱的资源环境带来了深厚的重压,人们不得不试图挣脱旧的发展模式,开始质疑、讨论并试图修正“增长等于发展”的思维和方式。1962 年,雷切尔·卡森在出版物《寂静的春天》(*Silent Spring*)中刻画出了一派农药污染造成的恐怖景象,以此启发人们修改对自然界传统错误的看法,重新拟定人类社会的发展方案,给世人以巨大的震撼,也敲响了警钟。20 世纪 70 年代,巴巴拉·沃德和雷内·杜博斯的著作《只有一个地球》(*Only One Earth*)同样具有时代影响力,该著作就地球未来的状况作为出发点,基于社会不同领域的视角,阐述了不同国家经济发展和环境污染带来的影响,呼唤人类重视和保护人类地球,初步渗透出了可持续发展的思想。1972 年,德内拉·梅多斯、乔根·兰德斯和丹尼斯·梅多斯联合发表了研究报告《增长的极限》(*Limits to Growth*),在发展问题上明确提及了“持续”“合理”“持久”和“均衡”等观点。

1987 年的联合国大会,在报告《我们共同的未来》(*Our Common Future*)中,正式提出可持续发展的概念,将其定义为“不能应因满足当代人需要而对后代人需要满足能力构成伤害”。会议将可持续发展作为主题并围绕着“三个共同”(即“共同的主题”“共同的挑战”和“共同的努力”)深入讨论了全球的环境环境与发展问题,提出了政策建议,标志着可持续发展理念开始形成。1992 年,联合国大会签署了包括《21 世纪议程》(*21 Century Agenda*)等一系列至今依旧具有举足轻重影响力的国际环境公约,这些公约就世界各国开展国际合作和行动共同应对环境问题挑战的方案做出了细致的安排。

2012 年的联合国大会通过了“我们憧憬的未来”（The future we want）的成果文件，传递出了全人类对可持续发展的声音。文件中宣扬的体制框架是对可持续发展理念的再次承诺，使可持续发展理念的影响力在国际制度规范层面再次获得了提升。

2014 年，联合国内部的开放工作小组修订的可持续发展目标进一步强化了环境目标的地位，其成果性文件中列示了多达 17 项具体目标，其中有 4 项目标与环境有关，剩余目标也与环境问题有一定关联度。

2015 年，联合国发展峰会上通过“变革的世界——2030 年可持续发展议程”（*Transforming our world: the 2030 agenda for sustainable development*）。该文件具有划时代的纲领性意义，目的是促进实现未来 15 年内包括消除极端贫困等在内的三项目标，其中，保护环境、抑制气候变化成为三项目标之一。这个文件是对当初创立的千年发展目标的实质性修订，它的推行将有利于推动世界各国把可持续发展目标真正融入各自国家的发展战略当中，体现出了环境因素在全球发展过程中越来越具有举足轻重的地位，“环境”成为 2015 年以后可持续发展问题上不可或缺的关键词。

二、评论

可持续发展观的确立标志着人类在处理人与自然关系方面实现了一次实质性的理论飞跃，是人类文明进步的要求和结果。可持续发展理论从开始酝酿、初步形成到不断发展完善经历了长时间的历史过程。工业文明时代的发展方式造成人类生存的环境日益恶化，对人类社会的可持续发展构成了威胁，一些国外的学者最早关注到了该问题的存在和可能造成的危害性，通过公开发表著作或报告的方式使社会公众对工业文明时代发展模式及其弊端有了清醒的认知，从而唤起社会公众对可持续发展问题的重视，对可持续发展理论的形成和发展起到了先驱的作用。作为世界性、综合性的政府间国际组织，联合国及其专门机构充分展示出了对人类高度负责的态度，利用其在全球的影响力，成功将可持续发展问题从局部的研讨推广到了全球公众的视野之中，通过多次主题大会的召开和一系列相关文件的签署和公布，推动可持续发展的理论不断发展和完善，也推动着人类在实现可持续发展目标的道路上不断前进。中国政府同样高度重视经济社会的可持续发展问题，从“可持续发展”的首次提出，到生态文明建设被提升到“五位一体”总体布局的战略高度，不断推动中国可持续发展理论的深入和完善。推动实现可持续发展，必须大力开展环境保护工作，这就对传统的会计制度、会计理论提出了新的挑战，会计不仅要核算企业的经济利益，更要兼顾生产经营活动对生态环境的影响，从而推动实现微观层面企业的可持续发展，进而为经济社会宏观层面的可持续发展奠定坚实的基础，这就为以实现企业可持续发展为主要目标的企业环境会计的改革和发展提供了强大的驱动力。

第二节　绿色发展理论

一、理论阐述

绿色发展理念在经济发展领域传承了可持续发展理念的衣钵。该理念同样以人与自然的和谐为核心诉求，以可持续发展为目的，是一种新的发展思维和发展方式。该理念旨在以绿色化的途径重构经济、政治、文化和社会体系，使其实现生态和谐。

绿色发展的提法在国际上较少使用，取而代之使用频率较高的是“绿色增长”（Green growth）或者“绿色经济”（Green economy）的说法。

1989 年，大卫·皮尔斯等在著作《绿色经济的蓝图》（*A Blueprint*

for Green Economy）中，第一次明确提出了绿色经济的说法，指出经济发展必须与自然环境和社会发展相协调，不能过度迷信经济的绝对增长，不应对自然资源过度开发和滥用。2007 年，UNEP 在《绿色工作：在可持续低碳的世界里获得合适的工作》（*Green Employment*：*Decent Work in A Sustainable Low-carbon World*）中将绿色经济定义为“尊重人与自然、能产生合适且高收入工作的经济”，并在 2008 年的报告中将该定义修正为“增进人类福祉、改进社会公平、降低环境风险、改进生态稀缺的经济发展模式”。2009 年，UNEP 发表了《全球绿色新政政策纲要》（*Global Green New Deal Policy Brief*），纲要将减轻碳依赖和生态系统退化程度界定为三大目标之一，呼吁实现世界经济绿色化。2010 年，联合国开发计划署（UNDP）提出了绿色经济的新定义，即“即带给人类幸福感和社会的公平，又能降低环境风险和改善生态缺乏”，象征着绿色经济发展的目标扩展至社会系统，关注经济发展、环境保护和社会公众利益的协调和平衡。

绿色增长的概念则是源自 2005 年召开的联合国会议，该概念最初被定义为“为推动低碳、普惠社会公众的发展而推动的环境可持续经济进程”；2008 年，金融危机日益扩大化，联合国此时开启了全球绿色新政（Global green new deal），目的是让各国领导人以及各国职能部门的决策者意识到经济的绿化并非增长的累赘，反而是增长的助推器，倡导各国积极开展绿色经济，完成经济增长方式的转变；2009 年经合组织（Organization for Economic Co-operation and Development，简称 OECD）发布的《绿色增长宣言》（*Green Growth Layout*）、2010 年欧盟颁布的《欧盟 2020》（*European* 2020），均将绿色发展提升到事关区域和国家关键竞争力战略的新高度，美日等发达国家也纷纷颁布绿色发展有关的规划，试图借助科技、产业创新来致力于绿色转型，度过金融危机。2011 年，OECD 再次修正和完善了绿色增长的战略，即“推动经济增长和发展，同时保证自然资产持续给予人类福祉所必需的资源和环境服务”。

二、评论

从我国的国情来看，坚持绿色发展，建设生态文明，既是可持续发展战略的引擎，也是经济社会建设的要求。只有坚定走绿色发展道路的决心，坚决走绿色发展之路，才能助推生态文明建设向前发展，引领经济社会全局的可持续发展。绿色发展理念作为“五大发展理念”之一，是“十三五”乃至更长时期经济社会发展建设必须遵循的，它是新时代全面推进生态文明建设的必然选择。随着我国生态文明建设的持续推进、生态环境保护力度的不断加大和全社会生态环境保护意识的逐渐增强，企业作为绿色技术创新的主力军、污染减排的重要贡献者、绿色发展理念的践行者和受益者，应当在绿色发展中继续发挥更重要的角色，继续勇敢地担当起绿色发展的主体责任。绿色发展的理念也为企业环境会计的改革和发展提供了良好的机遇和理论氛围，企业的绿色发展不单单是向消费者提供绿色无污染的产品和服务，更重要的是在企业推行全方位的绿色管理，将环境保护的观念渗透进企业经营管理的方方面面和全过程。企业管理制度当中会计制度的“绿化”过程实际上就是改革传统企业财务会计制度、构建新的企业环境会计制度并使这两种会计制度共存和相互融合的过程。企业在生产经营等其他领域的“绿化”过程能够催生新的绿色的业务形式和业务内容，是企业环境会计建立和改革的源头活水；反过来看，企业环境会计的强大，所提供的绿色会计信息质量的提升，也是助推企业绿色发展和赢得持久竞争力的“价值利器”。

第三节　企业社会责任理论

一、理论阐述

（一）企业社会责任

企业社会责任是指在一定历史时期，作为一个营利性的社会经济组织的企业根据社会期望，对企业及其利益相关者和社会整体所应该承担的广义的伦理责任。企业处在一个开放的系统环境中，在企业和社会的相互作用下，企业必须考虑社会中各种力量对企业的期望，才能获得可持续发展。企业社会责任倡导的是企业目标中心从企业自身利润最大化发展转向社会协调发展，要求企业兼顾社区、环境、雇员、消费者、政府等社会构成体的共同发展。企业社会责任的出发点是基于企业运营必须达到可持续发展的基本目标，为了达到该目标，企业除了考虑自身的财务和经营状况外，也要考虑自身的行为对社会和自然环境所造成的影响。企业是企业社会责任的主体，利益相关者是企业社会责任的客体。利益相关者是指所有可以被企业行为所影响的个体或群体，包括员工、顾客、供应商、社区团体、母公司或附属公司、合作伙伴、投资者和股东等。比如，企业对政府承担的社会责任表现在遵守法律法规、合法经营、依法纳税、支持政府的社会公益活动和慈善事业等；企业对股东和债权人承担的社会责任表现在尊重股东的权利、向股东提供真实的经营和投资等信息、为股东创造财富等；企业对消费者承担的社会责任表现在向消费者提供安全可靠的产品、做好售后服务工作、尊重消费者的知情权和自由选择权、不提供虚假广告等；企业对员工的社会责任表现在为员工提供安全和健康的工作环境、尊重员工的合法权益、合理制定员工薪酬和福利、按时足额发放工资、培养良好的企业文化等。

企业社会责任这一概念由奥利弗·谢尔顿于1924年首次提出，“企业的生产经营，要顾及行业内外所有人们需要的责任”。20世纪70年代，基思·戴维斯回答了企业承担社会责任的若干问题，他认为，社会权力是企业履行社会责任的源泉；企业应当双向互通开放包容，既是相关社会信息的接收者，也是企业内部信息的输出者，企业和社会之间必须保持畅通、连续和坦诚的信息交流；企业生产的产品、提供的服务、制定的战略和生产经营方案等各项业务活动，应当在首先顾及经济利益的基础上，认真考虑其所带来的社会成本和效益；尤其是具有法人身份的企业，应该效仿自然人乐善好施助人为乐的德行，主动参与解决乍看之下不在自己分内的社会性问题。总之，企业的存续离不开社会责任的履行，社会的稳定幸福需要企业完成盈利目标基础上的社会责任。

（二）企业环境责任

企业环境责任是企业社会责任的一个专门分支，该理念要求，企业在经营活动过程中，除了要考虑经济领域内的投资人和其他利益相关方的利益以外，还应考虑其生产经营活动对生态环境产生的负面影响，应该考虑并采取措施来避免对自然环境的破坏及衍生出来的对他人及社会公众产生的危害性，包括造成区域性环境污染事件、整体性环境质量下降、资源无节制地浪费等问题。企业环境责任至少应当包括以下两个方面的内容。

（1）企业经营决策环节中的环境责任。决策是企业各项具体行为和活动的开端，环境责任履行要从决策这个开端做起，才能提升环境责任履行的效果，这一点要求企业的决策者在决策时将环境责任作为决策考虑的因素之一，特别是环境之于企业而言是一把机会和威胁并存的双刃剑，决策中必须考虑到社会环境相关的方方面面，并系统分析社会环境和企业生存发展的关联性。决策实质上是方案选择的过程，在选择方案时，要充分调查了解政治环境、法律环境、经济环境和文化环境等相关因素，特别是要准确把握社会公众对生活方式、环境污染的态度等，总结和控制好影响环境的各种因素，最后选取最优的方案。

（2）生产环节中的环境责任。企业是生态环境问题的主要制造者，制造集中体现在产生废弃物的生产环节。因此，生产环节上环境责任的履行尤为重要。企业应当通过自主研发或引进先进的环保技术和工艺，确保生产过程清洁化，包括使用清洁能源、减少废弃物的排放、大力发展循环经济等，客观上也可起到降低生产成本的功效。

二、评论

企业积极履行社会责任是实现可持续发展的良药，表现在提高企业市场开拓能力、树立企业形象和提高企业竞争力、促进企业创新、推动企业优秀文化建设等。环境责任本来就是企业社会责任的重要方面，在生态文明新时代，环境责任的意义将更加凸显。企业积极履行环境责任，一是生态环境保护方面要有所作为取得成绩，二是要将生态环境保护的内容和结果借助于信息披露的窗口向利益相关方报告，并接受利益相关方的监督，企业环境会计制度的完善程度直接决定了环境报告的形式和内容等要素和报告的综合质量以及由此接受监督的程度。因此，积极履行环境责任也是驱动企业环境会计改革和发展的动因之一，一个完善的企业环境会计系统是向利益相关方高质量地报告本企业环境责任履行状况，自觉接受利益相关方监督的重要制度依托。

第四节　环境产权经济学理论

一、理论概述

（一）产权的一般性概念、特征和作用

产权用最简洁明了通用的语言解释就是财产权利，只是对产权的理解和阐述保留在了各抒己见的状态，表现在在不同历史时期、不同的学派或学者之间、国内和国外两个方面对于产权的展开论述都会存在差异。马克思将产权定位为“人和自然的关系”；阿尔奇安对产权解释的重点放在了“权”字上，指出一个人一旦被制度赋予了某种权威，他就可以在授权范围内自主选择方式方法去使用该权威指向的特定物品，产权同时也意味着是一种由法律规定并可用以交换的规则安排；佩吉维奇对产权的解释体现在了产权的动因方面，他认为产权规定了人与人之间的关系，这种关系是由于物品的稀缺性和专用性造成的，所有相关方必须依据与该物品相对应的行为准则行使权力，否则将会遭受处罚；德姆塞茨对产权的理解集中于产权的后果方面，并将其定位为“社会的工具”，它认为产权是使人们获利和 / 或受损的权利，产权的意义体现在让人们在交易中形成恰当的预判；诺斯的观点与之相近，他强调产权的“专属”“独占”和“排他”方面，认为产权是对所拥有的物品或服务占有的权利。以上是西方学者对于产权的不同观点。黄少安从广义上看待产权，认为其包含归属、占有、支配和使用四项具体权利，产权是人们以财产为中心或者凭借财产形成的经济权利关系。综上所述，产权实质上是协调规范人们的行为、处理人与人之间关系的制度性的社会工具；产权是是由可分解的具体权利构成的

集合体；产权需要由法律做出裁决认证，以此规范社会经济生活秩序。

产权具有排他性、有限性、可交易性和可分解性四个特征。从排他性特征来看，理性的经济人都会对财产具有占有和使用的趋向性和竞争性，但是，产权要求只有特定的产权主体才能够对财产进行占有、支配和使用等操作，并形成对该财产权利行使上的垄断，其他主体无法对该财产主张和行使权力。有限性是关于产权边界的问题，产权与其他产权之间存在着明确的界线，产权主体行使产权赋予的权利只能在该界线限定的范围以内，不能跨越该界线去对其他产权主张行使。可交易性表现在产权如同商品一样，可以在制定价格的基础上部分或全部、限期或无限期进行转手或让渡，排他性和有限性特征是可交易性特征形成的基础。可分解性意味着一个完整的产权并非总是以整体的形式存在，而是可以根据需要分解为不同性质的具体产权，并归属于不同的主体拥有。

产权的作用包括降低交易费用，激励和约束、优化资源配置。某个主体欲使用某项没有明晰界定的产权，必须和该产权相关的主体进行讨价还价，从而发生大量的交易费用。如果该项产权清楚明确地归属于某一个特定的主体，那么只需跟该主体进行讨价还价，因此会减少很多交易环节并节约大量的交易费用。该观点与外部性理论直接相关，某个产权在其外部存在模糊的产权空间，如果对其予以内化即明确清晰地界定，则可减少讨价还价的成本。一个完整的产权一方面通常明确规定了财产的使用说明，能够激励产权主体通过合理、有效使用该财产来获取期望的收益；另一方面也规定了围绕着该财产权利所不能做或者不能过度做的事项，能够反向激励或约束产权主体避免资产使用过程中的不当行为而影响期望收益的实现。产权效率的测度标准在很大程度上表现为外部性问题上交易费用的多少。在交易费用不为零的情况下，交易费用与交易效率反向变动。明确清晰的产权缩减了模糊的空间，受益和受损的承担者都有明确的划分，具有较高的产权效率。从外部性问题得到解决这一极端的情况来看，产权形成的产值接近最大，资源配置趋向最优。因此，产权具有优化资源配置的作用。

（二）生态环境产权理论

林业、渔业、矿业、动物养殖业、水资源等行业与生态环境密切相关，其生产经营所依赖的资源如森林、海洋、草原、湿地、野生动植物等自然资源的产权往往存在模糊性和不完整性，极易诱致“公地悲剧”和“外部性”问题。

（1）公地悲剧问题。俗话说，苍蝇不叮无缝的蛋。如果某个资源的产权尚未界定清晰存有漏洞，即进入公共领域，相关的主体就都会有动机如同“苍蝇”一般涉入该领域，并且会形成过度开发或使用的倾向。具有公共物品特征的生态环境资源如原始森林、地下水等在很大程度上就属于该种类型的产权，不同程度地存在产权主体缺失状况，决定了其也是公地悲剧的创造者。比如，从我国森林资源状况来看，我国法律规定山地林木的产权归全民或集体所有，但是该法律意义上的产权主体由于内涵上的空泛性实际上是虚置的，因此造成事实上长期处于无产权或者产权残缺的状态，使得很多林木被乱砍滥伐酿成公地悲剧。另外，生态环境资源的稀缺性对于公地悲剧的形成起到了加剧的作用。这是由于，生态环境资源的形成需要经历较长时间的生长周期，一旦遇到恶劣的气候等不利的条件将很难再生，稀缺性又是衡量资源价值的重要维度，因此经济人在追逐利润最大化的过程中很容易对其展开追逐。

（2）外部性问题。外部性是指一个经济主体施加给其他经济主体的效用未用市场价格体现出来。依据诺斯的观点，私人行动引致的个人成本不等于社会成本，私人收益不等于社会收益，就存在外部性问题。实现帕累托最优的标准是私人边际净收益等于社会边际净收益，但外

部性的存在意味着私人边际净收益与社会边际净收益存有差值，因而不能取得资源配置效率最优。外部性有正负之分，正的是指个人收益不及社会收益，其后果是资源生产的不足，而负的则是指个人成本超过社会成本，其后果是资源需求的过度（见图 2–1）。具体到生态环境资源，其价值通常包含经济、生态和社会三种，其中经济效益可用货币计量，相应的产权也可清晰界定，但生态效益和社会效益较难合法真实地计量，使得生态资源的产权事实上难以形成一个健全的整体，造成投资生产生态资源或生态服务的企业（如林业企业）存在正外部性，而利用消耗生态资源的企业（如钢铁、水泥等制造业）存在负外部性。正外部性企业由于生态效益和社会效益补偿机制的不健全，使生产生态资源或服务的收益小于理论上产生的总收益，承受该正外部性的单位未支付对价或低价获取到了生态资源或服务。生态资源的外部性是生态资源效率的重要影响因素，正外部性的生态资源或服务的生产者由于无法得到理论上应有的经济补偿，出现私人收益小于社会收益的状况，长此以往势必会削减生产的积极性，造成生态资源生产的不足和生态服务供给的不足，负外部性的生态资源消耗利用者由于这部分成本的规避，刺激和强化了他们对生态资源进一步消耗的动机，温水煮青蛙似的逐渐酿成“公地悲剧”。

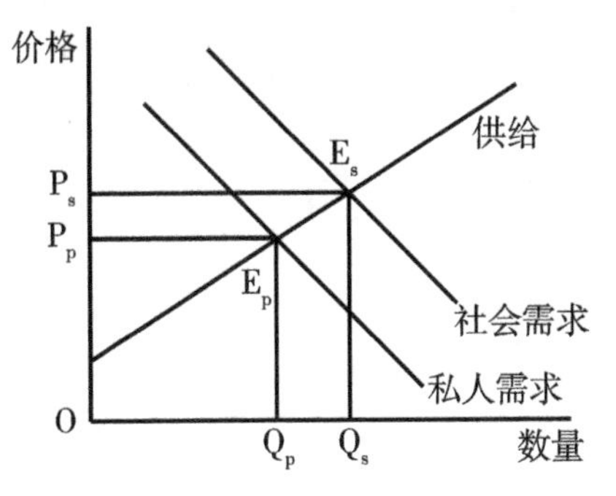

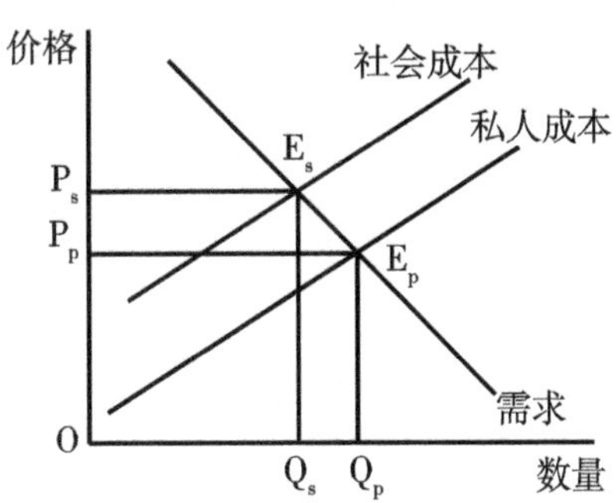

图 2–1　外部性示意图

二、评论

环境产权经济学理论作为生态经济学和环境经济学的基础理论之一，被广泛应用于环境会计研究。环境会计的外部性表现有正和负两个方面。正外部性表现在企业开展生态环境保护活动所产生的正面影响，应作为企业环境收益；负外部性表现在资源开发利用影响生态环境带来的企业外部成本。外部性是环境会计核算与财务会计核算的重要区别所在。在传统的财务会计核算中，环境外部性对企业经营产生的影响是不参与会计业务核算的，但在环境会计核算中，这部分外部性带来的影响必须予以考虑。从产权角度来看，产权对于会计有着深远的影响，产权是会计的先决条件，会计也能够反作用于产权，可以界定和保护产权。只有清晰明确地界定会计涉及对象的产权，才能进行会计核算和实施其他功能。研究会计问题需要考虑产权因素。由于理论研究的不完善和现实条件的约束，处于公共领域的与企业相关的环境资源的产权目前并未清晰地界定，这部分环境资源的会计主体不明确，对这部分环境资源做出有利或有弊的交易和事项无从转换进入会计系统，这部分的环境会计信息将是缺失的。因此，推动企业环境会计发展，就必须考虑到环境资源产权方面制约因素的存在，并从合理界定产权入手，解决会计处理中面临的该方面的难题。

第五节　会计信息系统理论

一、理论阐述

对于“什么是会计”，理论界莫衷一是，“会计艺术论”“管理工具论”“信息系统论”“管理活动论”和“产权会计论”等分别在不同的历史时期粉墨登场并长期存留于会计学科学研究的视野中。FASB（Financial Accounting Standards Board，财务会计准则委员会）、IASB（International Accounting Standards Board，国际会计准则理事会）的财务会计概念框架长期以来对于会计本质的问题避而不答，仅指出会计的目标是“提供对使用者决策有用的财务信息”，可以看出它们在形式上是推崇“会计信息系统论”的观点。在以上主流的关于会计本质的观点之下，也有部分学者有自己独到的观点，周守华（2011）基于决策有用信息是为了获取预期投资回报的视角来看，认为会计是“计量和确定特定主体经济效益的工具”，或者说是“特定主体财富计量的工具”，投资者依据目标主体的有关资源使用效率和效益的会计信息，做出是否投资的决策。可以看出会计的作用是社会经济资源实现有效率配置的基础。

会计信息系统论是关于会计本质的重要理论。该理论认为，会计是一个以提高微观经济效益、加强经济管理为目标，在企业搭建起的以输出财务信息为主的经济信息系统。该系统的主要职责是处理企业资金运动形成的经济数据并转换成会计语言输出，它将全部会计程序分成了确认、计量、记录和报告四个步骤。确认是将企业经济活动的原始数据依据会计规范按会计要素的本质特征计入会计系统；计量是将经济业务对各会计要素的影响以货币单位为主要标准进行量化；记录是运用复式簿记对经济活动予以具体反映；报告是最后的会计信息输出环节。按照系统功能的不同，会计信息系统可分为传递系统、处理系统、解释和分析系统以及调节系统四个层次。传递系统在不变更会计信息原有结构和形态的前提下，将信息从一处传递到另一处；处理系统是将原始经济数据进行加工，以此产生新的形态和结构、新的数据资料；解释和分析系统是依据数据资料，经过调查分析和科学推断产生新的信息；调节系统是在计划制定及实施过程中，为保证系统运行不偏离既定目标而对系统运行产生的差异实施的校正手段。

二、评论

推动发展企业环境会计是生态文明建设在会计领域的集中体现，是会计服务于国家宏观建设的重要方面，具有一定的政策性，这个从微观向宏观的传递过程在很大程度上需要借助微观企业环境会计系统输出供决策使用的环境会计信息，为不同层级的政府部门评价区域的生态环境资源状况、制定生态环保政策服务。另外，企业环境会计作为微观环境会计，位居整个环境会计体系的底端，是推动完善宏观环境系统、完善环境会计的成本核算、环境审计、环境管理会计等其他功能的基础，这个过程同样需要企业环境会计信息系统输出的会计信息。没有反映企业微观层面生态环境资源状况的会计信息的支撑，宏观环境会计、环境成本核算和环境审计将无从谈起。因此，发展和完善企业环境会计在很大程度上是为了发挥会计的信息系统功能，实质上就是如何使企业环境会计系统输出高质量的环境会计信息，扮演好生态文明建设中“信息加工厂”和“信息库”的角色。

第三章　企业环境会计改革和发展的意义

当前我国生态文明建设在政治、经济、社会文化等领域持续稳步推进，绿色发展理念不断深入人心，资源节约型和环境友好型社会、人与自然和谐发展的现代化建设新格局正处于平稳而积极的构建过程中。会计作为一门独立的学科，理论上应当应时而动、顺势而为，充分发挥自身的特点和优势，扮演好生态文明建设工程中“账房先生”“信息库”的角色，与其他学科力量一道共同致力于生态文明建设进程的推进。但是，由于各种原因，我国正处于萌芽阶段的企业环境会计理论和实践发展步伐都较为缓慢，导致企业环境会计体系长期处于残缺的不成熟状态，在很大程度上沦为生态文明建设的“旁观者”，游离于时代发展的潮流之外，亟待做出变革。基于此，本书的研究目的是为我国企业环境会计探寻可行的改革和发展方案。从纵向脉络上来看，本书深刻把握了企业环境会计的历史沿革和发展现状、规划了未来发展的方案；从横向脉络上来看，本书从会计目标、会计信息质量特征等方面重构了企业环境会计的基础理论，阐释了国内和国际两个层面企业环境会计的发展状况，研究内容既包括一般意义上企业环境会计的改革和发展问题，也包括了与生态文明建设密切相关的林业企业会计的改革和发展问题。

本书认为，推动企业环境会计改革和发展，是构建宏观环境会计制度、完善绿色 GDP 核算的基础；是全面深化会计改革，促进会计事业稳定健康发展的需要；是完善生态文明制度体系建设的需要；是贯彻和推动绿色发展的需要；是促进企业履行社会责任，实现企业自身可持续发展的需要。

第一节　构建宏观环境会计制度，完善绿色 GDP 核算

推动企业环境会计改革和发展，是构建宏观环境会计制度、完善绿色 GDP 核算的基础。本书的研究对象立足于企业主体层面上的环境会计，实际上，前已述及，环境会计依据其核算的内容和范围可以划分为宏观环境会计和微观环境会计。其中，微观环境会计主要是指企业环境会计。宏观环境会计的主要内容则是以资源环境和绿色 GDP 为对象的会计核算。传统经济学把环境当作经济系统的外生变量，造成传统的 GDP 只是记录和测度经济系统内部的各种流量和存量，并以此进行经济绩效和经济增长的分析，缺陷是忽略了经济与环境之间重要互动关系的存在。绿色 GDP 核算则是基于制度经济学理论和可持续发展思维，把环境当作了经济系统的内生变量，成为分析评价经济发展指标时必须予以考虑的因素，弥补了传统 GDP 核算在反映环境与经济互动关系方面的缺陷。绿色 GDP 是金山银山和绿水青山的辩证统一，是评价生态文明建设成果的指标之一，是生态文明建设的重要驱动力。我国一些地方政府为了功利性地取得所谓政绩，片面看重和追逐经济 GDP，回避与经济 GDP 评价无关的生态文明的建设和保护，成为这些地方生态文明建设迟滞的病根，这种不务实的做法给生态文明建设埋下了隐患。完善绿色 GDP 核算将有助于科学有效、真实全面地把握和评价我国经济发展的综合状况。通过对环境污染和生态破坏因素的细致考量和准确计量，能够在很大程度上知悉经济发展成果背后付出的资源环境代价，从而以客观冷静的心态面对发展的真实成果，并有针对性地采取措施控制资源环境的耗费，也以此促进各级政府摒弃原先片面的做法转而科学执政，推动当地资源的合理开发和促进当地经济

的可持续发展。将绿色 GDP 指标作为政绩考核必须参照的因素，以该考核成绩作为官员任用升迁的条件，会促使各级政府在制定当地经济发展政策时，不得不正视环境因素的存在，认真考虑环境污染和资源消耗成本，认真考虑环境、经济和社会三要素的协调发展程度，这是生态文明建设的原动力所在，政府行为具有引导作用，这样也有助于引导所在行政区域的社会公众以更加积极的心态和行动致力于环保事业。

宏观环境会计致力于输出宏观层面上的资源环境的开发、利用和治理状况方面的存流量信息，目的是让资源产权主体更加清晰地掌握所拥有和控制的环境资源的数量、质量、分布及变动情况，为产权主体的宏观经济决策服务，以提升生态环境资源开发、管理和利用的效果和效率，最终取得期望的经济效益，同时也有助于增强产权主体对环境资源问题的关注程度，在评价本区域经济发展状况时能够顾及资源环境的耗费成本，科学评价和考核政绩，实现区域社会经济的可持续发展。由于宏观生态环境资源依附于国家的领土而存在，因此其产权归属于国家，并具有区域地理性。各级政府对各自行政区域内的生态环境资源有管辖的权利，对于跨行政区域的生态环境资源或者由国家管辖，或者由所跨区域的共同最低上级政府实施管辖。

企业环境会计和宏观环境会计虽然在会计主体、会计核算范围等方面存在差异，但是在会计目标、会计信息质量、会计对象和会计计量等方面具有内在一致性，二者的会计目标均是反映特定会计主体受托的资源和生态环境责任，输出决策有用的环境会计信息，服务于生态文明建设，实现经济社会可持续发展以及人与自然的和谐共生。二者对于会计信息质量的要求都包含了相关性、可靠性、可比性、及时性以及重要性等内容，没有原则上的差异。企业环境会计的对象是企业的生态环境资源的投入、消耗、补偿以及对生态环境贡献或破坏的价值；宏观环境会计的对象则是绿色 GDP 以及生态环境资源的存流量及其生态经济影响，前者是后者的重要组成部分和基础。二者的会计计量均可采用货币计量为主、其他计量方式为辅的计量模式。会计主体方面，生态环境资源的所有权在我国一般是由国家所有，为了实现生态环境资源的保值增值，国家往往会借助于市场化的方式将生态环境资源的经营权配置给不同性质的企业或其他单位。同一行政区域内的生态环境资源总量没有变，只是由于产权方式的不同产生了宏观环境会计主体和企业环境会计主体的差异，各级政府管辖区域内单个企业生态环境资源状况总和几乎构成了该行政区域宏观生态环境资源的总体状况，因此，从会计主体方面看，企业环境会计亦是宏观环境会计的基础。考虑到我国当前宏观环境会计制度建设同样处于起步的初级阶段，因此，宏观环境会计制度的建立必须以企业环境会计制度先行。

第二节　全面深化会计改革，促进会计事业发展

推动企业环境会计的改革和发展，是全面深化会计改革，促进会计事业稳定健康发展的需要。任何社会的发展，都离不开生产力和生产关系两大因素关系进步的维系，解放和发展生产力固然需要摆在突出的位置，但不断改革不符合生产力发展的生产关系才是关键步骤，因为改革是发展的天然驱动力，只有借助于改革，才能实现发展，只有持续不断地改革，才能源源不断地产生、释放和升级发展的动力。

改革也是会计发展的动力。我国自 1992 年以来对会计制度进行的历次全面改革，为所有者的资本创收、为社会财富的增长累积和经济利益的调节分配起到了至关重要不可替代的作用，从国家层面来看也推动建立起了与社会主义市场经济体制相适应的企业会计制度体系，促进了经济体制改革深化和现代企业制度的建立、促进了社会主义市场经济体制的确立与进一步完善。会计作为一种制度安排带有鲜明的

时代依存性特征，应当随着生产力的发展和社会经济制度的变迁而不断做出改革、升级和完善。

在人类社会由工业文明时代逐步过渡到生态文明时代、经济发展由非持续发展走向可持续发展的大背景之下，随着我国社会主要矛盾发生根本转变和全面进入新时代，应当在重视全面发展的前提下，专门制定有效措施应对发展的不平衡和不充分问题，追求发展的质量和效益，来满足社会公众不断增长的各领域更高层次的需要，激发社会公众工作和创新的热情，推动人类社会的进步。新时代的“新”是全方位的，具体到生态环境保护领域就是要对生态文明体制进行改革和创新，要求摒弃过去以牺牲生态环境做交换求得发展的思路和方式，代之以节约和保护并举，创设出人与自然和谐共生的高质量生态环境，打造美丽中国。为了适应这种转变，必须改革和完善现有的会计制度，在会计理念、会计目标、会计假设、会计核算和会计信息披露等方面构建出符合新时代生态文明发展要求的新的会计制度。现行的企业财务会计制度是工业文明时代发展理念和发展要求下的产物，资本收益最大化是其产生和发展的根本目标，从源头上就决定了其不具备也不会就此容纳与经济利益核算目标存在冲突的对生态环境保护领域业务的会计处理功能，这个固有的局限性势必导致企业对于生态环境资源的投入、消耗与补偿以及对生态环境破坏或贡献的价值无法展开专门性的会计处理，是形成生态环境资源错配和生态环境破坏程度加剧的一大制度性缺陷。企业环境会计作为以专门协调经济发展和生态保护为目的的会计系统，基于生态文明观的全新发展理念，通过设置全新的会计要素、采用全新的会计计量方法、运用全新的信息披露方式专门对企业与生态环境相关的交易和事项进行会计处理并将环境会计信息输出，弥补了企业财务会计的固有缺陷性。推动企业环境会计的改革和发展，使企业环境会计和企业财务会计二者相得益彰，共同致力于企业经济效率的提升、绩效的成长和可持续发展，有利于完善现代企业会计制度体系，促进会计事业的稳定健康发展。

第三节 完善生态文明制度体系，切实发挥制度的保障作用

推动企业环境会计改革和发展，是完善生态文明制度体系建设、切实发挥制度保障作用的需要。制度体系建设在生态文明建设整体布局中占据着十分重要的位置，只有实行最严格的制度和最严密的法治，才能为生态文明建设保驾护航。所谓建设生态文明制度体系，就是在实现人与自然和谐共生、建设美丽中国目标的统领下，重点建立健全生态环境保护制度、资源高效利用制度、生态保护和修复制度以及生态环境保护责任制度，在此基础上打造出包络生态文明建设横向上所有领域、纵向上所有步骤的各项制度，并实现各项制度之间系统集成、协同运转的良好效果。制度建设之所以被摆放在突出的位置，是由于生态文明建设的核心理念是在经济社会发展过程中处理好人与自然的关系，但处理好这一关系又不可避免地会牵涉到人与人之间以利益为核心的关系处理问题。因为生态文明建设是一个涉及生产方式、生活方式、思维方式和价值观念的社会性变革，解决社会性问题就不能单纯依靠决策者个人的意志，而是更多地需要制度来领航。制度建设是约束生态文明建设中的个体行为、将生态文明建设由理念转化为实践、处理好生态文明建设中的各种复杂关系的根本保证。

改革开放特别是党的十八大以来，国家制定出台或者修订完善了多项关于生态文明建设的法律法规，建立起了相对完备的生态文明制度体系。尽管如此，我国生态文明建设依旧面临着体制、机制和法治等方面存在漏洞的问题，使得生态文明制度体系协调运转的整体性不强、包括驱动力和执行力在内的制度运行动力不足，成为生态文明建

设进程推进的障碍。生态文明制度建设由于其复杂性和系统性的特征，不可能一蹴而就，而是要树立系统性思维全面推进，且需要较长时间的理论研究、实践探索和经验积累过程。

会计是人类社会生产活动中输出决策有用信息、引导经济资源配置的一种重要的制度安排，是推动人类文明发展的重要力量，企业环境会计制度是生态文明制度体系的组成部分。目前我国企业环境会计制度正处于起步探索的初级阶段，现行的《中华人民共和国会计法》及其他会计行政法规、规章、部门规范性文件中几乎没有关于环境会计相关的规定，现行的企业会计准则仅在个别具体准则中的会计处理中体现出生态环境保护的思想，专门的企业环境会计准则更是长期以来一直处于空缺状态。环境会计制度的缺失造成企业环境会计的实施没有统一明确且具有强制力的标准可循，每个企业出于自身声誉和经济利益的考量，针对存在和发生的生态环境相关的交易和事项的会计处理都具有高度的自由裁量空间，环境会计的核算范围、环境成本采用何种核算方法、环境会计信息采用何种形式向外界报告、报告哪些内容等在很大程度上是依靠企业管理当局的主观意志来决定。这样，企业环境会计信息披露在形式和内容上势必由于随意性的原因而存在较大的差异，也就不符合会计信息质量的要求，降低了其对政府及环境保护机构等利益相关方的决策价值，也降低了生态环境保护相关资源的配置效率。由此可见，企业环境会计制度的缺失已构成了生态文明制度建设的一块短板。因此，只有积极探索和构建包括企业环境会计法律法规和企业环境会计准则在内的企业环境会计制度，充分发挥只有制度才具备的规范性、强制性、指导性、约束性和激励性的功能，才能推动企业环境会计的改革和发展，完善生态文明制度体系建设。

第四节　贯彻绿色发展理念，推动绿色发展

推动企业环境会计改革和发展，是贯彻绿色发展理念和推动绿色发展的需要。传统的粗放型的发展模式浪费资源、污染环境和破坏生态，是全球资源能源枯竭、环境污染严重的“病灶”，给人类社会造成了深重的创伤，转变经济发展方式是治疗该创伤的解药。绿色发展是一种新的发展方式，它修正、创新和突破了传统发展模式，加入了生态环境容量和资源承载力两个约束条件，将生态保护设定为可持续发展因变量的一个重要自变量、将环境资源设定为社会经济发展不可分割的一部分，将经济活动全方位“绿色化”和“生态化”。绿色发展之于我国就是要实行节约资源和保护环境两项基本国策，走可持续发展道路，打造出人与自然和谐发展的现代经济社会新格局。绿色发展与生态文明建设相辅相成，绿色发展是生态文明从理论转化为实践的具体途径，是生态文明建设的愿景，也是支撑生态文明建设的坚实“骨骼”。承袭于可持续发展理念的衣钵，绿色发展同样是人类对传统文明形态特别是工业文明予以深刻反思的结果，是人类文明形态和发展理念、道路的实质性进步，是人类对生活方式、生产方式和发展模式的重新选择。制度创新是绿色发展得以推行的关键。

企业作为发源于工业文明时代的营利性组织，其经营发展的理念和各项政策制度均被深深地烙印上了工业文明时代的痕迹，最显著的一点就是以牺牲生态环境为代价换取经济利益的增长，这诚然为企业带来了丰厚的物质财富，但同样也给生态环境造成了无法挽回的伤害。绿色发展倡导企业推行生态经济，主要依靠科技创新和政策导向，改善能源结构，提高资源利用率，减少各种废弃物的排放，实现经济利益和生态环境保护的协调统一，提升发展的质量。企业新的发展理念

和新的发展模式下需要与之相匹配的新的企业会计制度。企业环境会计的理念与绿色发展的理念一脉相承，以促进企业可持续发展和实现人与自然和谐共生为根本目标，将企业存在或发生的与生态环境相关的交易和事项尤其是企业生产经营活动对生态环境的影响作为会计处理的主要内容，输出企业绿色化的生态环境会计信息，为企业绿色发展模式的推行提供决策有用的信息和评价企业绿色发展的结果。从金融市场发展来看，绿色金融是推动绿色发展的重要市场途径，目前我国绿色金融市场存在着供需双方信息严重不对称的状况，造成了生态环境市场的失灵和生态环境资源的错配，阻碍着绿色金融的发展。推动企业环境会计改革和发展，提升企业环境会计信息披露的质量，有利于从更大程度上缓解绿色金融市场的信息不对称，提高绿色金融市场的公信力，防治企业“漂绿”行为①，推动资本市场健康发展，促进绿色金融持续发展，对于绿色发展同样具有积极的意义。

第五节　促进企业履行社会责任，实现企业可持续发展

推动企业环境会计改革和发展，是促进企业履行社会责任，实现企业自身可持续发展的需要。在市场经济条件下，企业作为社会经济活动中独立的经济单元，盈利是其生产经营的最直接目标，企业只有实现了盈利或者持续盈利这个直接目标，才能为自身的发展壮大源源不断地输送血液，才能实现为股东分红、为社会公众提供就业等其他功能。但是，盈利不应成为企业唯一追求的目标。企业作为市场乃至

①生态环境问题的加剧引致人们对绿色产品的强烈需求，虽然绿色产品价格较高，但是消费者仍愿意支付高额的费用购买。厂商捕捉到消费者的这一消费特征，标榜其生产的产品是绿色无污染产品，而这些商家却因污染事故屡屡被监管机构处罚。厂商的该种行为被称为“漂绿”行为。

社会的基本单元，是各领域、各主体、各要素、各层面、各系统的重要节点，它既是社会物质财富累积的贡献者，也是各种产品的主要供应者。正如人与自然需要和谐共生一样，企业和社会同样具有共生的关系，企业的生存、发展需要社会这个大环境中其他主体向其输送资源，社会的发展进步同样需要包括企业在内的个体向社会灌输营养，企业和社会良性共生的基础是分享彼此独有的资源。因此，企业若想获得可持续发展，就必须要认识到，社会才是滋养企业茁壮成长的土壤，任何企业都不能脱离这片土壤而独木成林。

企业的社会责任，就是企业在创造盈利、承担对股东及员工法律责任的基础上，承担起对产品消费者、周边社区和环境的责任。企业只有把盈利创造和社会责任履行二者有机结合起来，同时创造出经济价值和社会价值，才能使自身充满强大的竞争力和旺盛的生命力，为可持续发展铺平道路。环境责任是企业社会责任的重要方面，这是由于企业是消耗生态环境资源、排放各种污染物的主要经济组织，企业的生产经营活动固然需要优先考虑和满足经济领域投资人等利益相关者的诉求，这是企业的使命决定的，但是也应当将评价其对生态环境产生的不利影响并向外界披露作为自身的“分内之事”，包括造成社会公害的情况、环境污染的状况和资源浪费的程度等。我国目前正处于经济社会转型期，相关制度的缺失和监管的不到位，助长了部分企业淡漠社会责任意识，缺乏长远发展和公益思维，片面追逐短期私利、轻质量重数量的现象，虽然它给企业带来了一些短期功效，但从长期来看与饮鸩止渴无异，对企业自身和国家的经济生态造成了无法挽回的伤害。随着我国走进生态文明新时代，企业必须意识到该问题的严重性，摒弃过去工业文明时代遗留的不合理的发展思维和发展方式，开展绿色低碳的长远性发展，方能行稳致远。近年来，越来越多的企业将绿色发展理念植入企业社会责任体系中，创新绿色低碳技术，打造智能清洁化的绿色工厂。企业主动承担社会责任，会赢得社会公众的赞誉，也会为自身带来社会声誉。

同样是受过去工业文明时代发展理念和价值观的影响，当前企业会计系统的成本核算只是考虑生产经营活动过程中耗费的经济成本，对生态环境方面的投入未专门予以会计确认和做进一步的会计处理，并在此基础上评价企业的经营绩效。这种成本观和效益观长期以来根深蒂固，使得企业在决策、规划、控制和评价各种活动时不会主动考虑生态环境的因素以及产生无节制的消耗或破坏环境资源的后果，这是加剧生态环境破坏的重要因素，直接威胁着企业的可持续发展。推动企业环境会计改革和发展，能够使企业会计系统全面系统地反映企业存在或发生的与生态环境相关的交易和事项，科学地核算包括生态环境成本在内的总成本和总效益，“绿化”企业的成本和效益，迫使企业在生产经营过程中必须考虑自身的行为对生态环境造成的后果，并对这些后果负责，从而更加积极主动地履行社会责任，树立良好的公众形象和社会声誉，获取社会的认可和接纳，进而在与社会持续的资源交换中保持旺盛的生命力，不断发展壮大，实现可持续发展。

第四章　企业环境会计基础理论

第一节 引言

一、企业环境会计基础理论的作用

任何一门独立的学科都如同一座高楼大厦，需要基础理论做支撑方能屹立不倒，基础理论对于任何学科的存在和发展都具有决定性意义。尽管会计学属于应用学科，但是它也必须拥有属于自身的科学、系统、完整的基础理论，方能引领本学科具体的知识的丰富和应用以及对于会计实务的指导作用。会计基础理论是会计理论的重要组成部分。所谓会计理论，具体是指会计学科系统的具有高度概括性的科学逻辑体系，它是对会计信息系统的目标、边界及运行机制的概括总结，是系统化抽象化的理性认识。会计理论的逻辑体系，按层次可以划分为会计基础理论和会计规范，按内容可以划分为财务会计理论、财务管理理论、管理会计理论和审计理论等。会计理论当中的基础理论包含了会计最基本的框架结构，如会计本质、会计目标、会计职能、会计对象、会计假设、会计要素、会计信息质量特征等。会计规范包括会计法规、会计准则和会计制度。会计基础理论偏重于纯会计理论方面，会计规范则注重会计实务运用指导及规范方面，二者对立统一相得益彰，共同构成了完整的会计理论体系。

企业环境会计以企业为会计主体，以货币为主要计量单位，借助于专门的技术方法，就企业存在和发生的与生态环境相关的交易和事项进行全面、综合、连续、系统的核算与监督，计量并记录生态环境的投入、消耗、补偿以及对生态环境贡献或破坏的价值，向利益相关者输出环境会计信息，旨在提高企业乃至社会环境效益、促进人与自然和谐发展。在当前状况下，企业环境会计改革和发展的首要任务就是依据生态文明新时代的新理论、新特征和新要求，重构企业环境会计的基础理论，以新理论指导新实践。适合我国特定政治、经济、社会和技术环境特征的企业环境会计基础理论是推动企业环境会计改革的航标，是完善企业环境会计法规体系、健全企业环境会计准则和制度的准绳，是准确客观核算企业各个环境会计要素的保证，是可靠编报环境会计报告的前提，也是推动企业环境会计改革向纵深发展的关键前期工作。

企业环境会计作为学科交叉形成的一个以会计学科为主体的会计分支，其基础理论的构建必然是建立在一般会计基础理论之上，会计基础理论是企业环境会计基础理论中的基础。因此，企业环境会计的基础理论的构建原则是在一般会计理论的基础上，充分捕捉并结合企业环境业务的特征和内容。另外，基础理论应当与时俱进才能发挥对于实践的指导意义。企业环境会计基础理论的构建也应当充分结合我国生态文明建设的理论和实践，厘清当前生态文明建设中存在的突出问题，增强基础理论的现实针对性，对现有的企业环境会计理论和实践有所创新、发展和突破，只有如此，才能真正有效地将理论研究的成果推行应用到实务中，完善企业会计制度，更好地发挥会计对生态文明建设的服务功能。

二、构建企业环境会计基础理论的逻辑起点

企业环境会计基础理论是一个逻辑系统，构建企业环境会计理论首当其冲的是逻辑起点的选择问题。在企业财务会计基础理论的发展历程中曾经出现过假设起点论、本质起点论和环境起点论等不同的观点，本书认为，会计目标是会计研究的逻辑起点，也是构建会计基础理论的起点。这是由于，依据系统论的观点，系统分为自然系统和人造系统。对一个人造系统来说，目标是系统存续运行的依据和动力，目标牵引着系统的运行方向形成运行的轨迹，系统中的其他要素功能

要依据该系统运行的方向和轨迹来配置以使系统不断丰富完善。会计本质上是一个人造经济信息系统，因此会计基础理论的构建就应当首先制定会计目标。会计目标的产生是其他基础理论产生的基础，对基础理论的全局具有直接影响。如果缺乏明确的会计目标，会计对象、会计假设、会计信息质量特征、会计要素及核算方法等基本概念和原则就不容易形成内在共同的价值取向。作为一个信息系统，会计目标决定了系统其他要素功能的配置及相关关系，会计信息输入、信息处理和信息输出涉及的程序、方法和内容都必须要置于会计目标的导向之下。会计目标是人们对所构建的会计系统的各种诉求形成均衡状态后集中统一的体现。利益相关者的主观诉求、外部经济环境的制约、会计系统本身职能的限制是影响会计目标的主要因素，三者共同作用决定了现实的会计目标。因此，企业环境会计基础理论的构建应当选择会计目标作为逻辑起点。

第二节　企业环境会计的目标

目标一般是指行为主体在执行某项工作之前就预先设定的工作完成时所达到的目的或结果。企业环境会计的目标是指企业环境会计系统通过自身功能的实现所需达到的最终目的。准确定位企业环境会计的目标是推动企业环境会计发展的起点和归宿。从财务会计的目标理论来看，代表性观点包括会计信息观、受托责任观、决策有用观和综合效益观，应用比照研究法，企业环境会计目标的定位原则上应当首先参照、借鉴和吸收这些观点中的理论。

会计信息观产生于1966年，美国会计学会（AAA）发表的《基本会计理论说明书》（*A Statement of Basic Accounting Theory*）中，最早权威性地使用了“会计信息系统”的说法，并明确提出“会计基本上是一个信息系统，更准确地说，会计是信息普遍性理论在它的功能范围之内应用于经济问题的处理”，由此将会计目标界定为输出信息，包括为有限资源合理利用输出决策信息、为考评受托责任履行状况输出信息、为会计主体功能的发挥输出评价信息；在该会计目标下，会计的好处在于降低交易信息不对称，提高资源配置效率。

受托责任观盛行于20世纪80年代以前的西方会计学界，以两权分离和委托代理关系为特征的公司制盛行是该观点形成的历史背景。具体而言，随着所有权和经营权分离，资源委托方和受托方建立起了委托—受托责任关系，受托方接受委托代为管理所交付的资源，受托方被赋予了有效管理与运营受托资源的责任，并如实向委托方报告受托责任履行状况。作为受托方的企业管理层同时应当承担起社会责任，如营造优质的周边生活环境、积极投身社会公益事业等。受托责任观侧重于会计信息的可靠性和有用性，但是稳定性略显不足。

决策有用观建立在两权分离程度进一步提升、资本市场规模日益扩大化的历史条件下。资本市场角色重要性的提升，让资源委托者将目光集中于资本市场整体的平均风险与报酬水平以及所投资企业在资本市场上的风险与报酬水平，这时企业会计的目标突出地表现为向信息使用者提供决策有用的信息。该观点主张，“即便我们不能出示理论上正确无误的财务报表，最少也要让财务报表更加有用”。具体而言，财务报告提供的信息应当能够帮助现在或者潜在的投资者、债权人等使用者做出投资、信贷等经济决策；能够帮助他们评估由于主营业务、偿付到期证券或举债等所得收入状况，时间分布情况和其他非确定信息；应当提供关于企业的经济资源及产权信息，以及引发资源及其产权发生变动的交易和事项相关情况的信息。该观点的核心在于协调处理好会计系统和使用者的关系，突出财务报告的有用性。这也是财务会计目标的一种代表性观点。

综合收益观认为，企业的会计目标应当与企业的整体目标保持一致，而不应只是把会计目标定位为提高经济效益。经济的深入发展、资本市场的完善，对环境重视程度随之升高，影响着会计目标不断得到补充和完善，到20世纪90年代后期，形成了包含经济效益、社会效益和环境效益在内的综合效益为测度的会计目标。该观点区别于以上两种观点，没有把会计目标单一局限于解除受托责任或者提供信息使用者决策有用信息，而是更加综合看待企业经营发展的影响因素，在更宏观的层面上界定会计目标。

美国环境保护署（U.S. Environmental Protection Agency）和美国化学技术者协会（American Institute of Chemical Engineers）在涉及环境会计目标的问题上主张，环境会计与经营活动和外部环境均有密切的关系，决定了环境会计的目标并非是单一的，应当包含基本目标和具体目标两个方面，基本目标定位于增进企业的经济效益和环境效益，增强经济发展与环境发展的协调性，服务于可持续发展的战略目标；具体目标定位于在具体的会计工作中，在基本目标的指引下，为信息使用者提供决策有用的环境会计信息。孟凡利在其专著《环境会计》中将环境会计的目标界定为两个方面：第一，对外提供有用的环境会计信息，第二，提升企业的经济效益和环境效益。其中，前者是环境会计的基本和最低的目标，后者是对环境会计在更宽领域、更高层次上提出的要求。罗素清在其专著《环境会计研究》中认为，环境会计的本质是为可持续发展管理提供信息，它体现了环境会计信息结构和可持续发展管理结构。环境会计的产生是基于可持续发展，由此环境会计的目标就是为自然环境和经济环境的可持续发展提供决策有用的信息。他同样认为环境会计的目标是有层次性的，环境会计的基本目标是可持续发展，具体目标是向信息使用者提供决策有用的环境会计信息。李永臣在其专著《企业环境会计研究》中认为，企业环境会计的目标包括：一是核算企业环境保护方面相关的财务会计事项，反映和控制环境支出；二是提供与环境保护有关的财务信息；三是对内提供企业环境保护工作所需的财务信息，服务于企业的环境保护活动。张以宽在其专著《可持续发展与环境会计研究》中认为，环境会计的目标是满足会计信息的需求者做决策的需要。这些信息具体包括环境资源的存流量信息、资源资产的分布及动态变动状况信息、环境资源带来的效益和产生效益的能力、环境投资状况方面的信息如投资总额和投资收益等、环境费用支出状况信息以及产品的绿色生产过程有关信息等。李建发和肖华（2002）认为，考虑到当前我国社会公众环保意识不强的现实状况，企业环境会计报告应当首先满足政府部门、经济领域投资者等主要利益群体对于环境信息的需求，相应的环境会计报告目标可以界定为向政府部门、经济领域投资者等利益相关群体提供环境受托责任的履行状况和对其决策有用的信息。

企业环境会计作为会计学和环境经济学学科交叉形成的一个区别于财务会计的新的会计分支，其会计目标首先是要从根本上服从会计的一般性目标，体现出“受托责任”“信息系统”和“决策有用”等方面的内容，不能脱离会计这个根基；另外，会计基础理论中，目标理论和职能理论是相互作用和联系的。企业环境会计目标的确定应考虑企业环境会计职能的影响，若忽略会计的客观职能，可能会使企业环境会计目标失去完整性。从会计目标与会计职能的关系上来看，会计目标的制定不能凌驾于会计的职能之上，而是受其约束，限定在会计职能的范围以内，会计目标决定于会计职能。所以，我们应该从企业环境会计职能的视角兼顾企业环境会计信息使用者的诉求来分析企业环境会计的目标。从企业环境会计职能来看，我国企业环境会计具有促进企业环境社会责任履行、推动微宏观的可持续发展、完善绿色GDP核算、健全生态文明制度体系、推进生态文明建设等职能，定位于生态文明推动者和建设者的角色；确认、计量、记录和报告企业存在或发生的与生态环境相关的交易和事项，为信息使用者提供决策有用的环境会计信息，定位于基本的环境信息系统功能。因此，我们推定我国企业环境会计应该相应地具有服务于生态文明建设的目标和决策有用的目标。

基于以上分析，本书认为，企业环境会计目标应当首先是有层次性的，包含基础目标和最高目标，最高目标统领着具体目标，具体目标服务于最高目标（见图 4–1）。具体目标方面，企业环境会计本质上是作为一个环境会计信息系统，通过确认、计量、记录和报告企业与生态环境保护相关的交易和事项，向企业生态环境的利益相关方输出高质量的环境会计信息，有助于利益相关方做出相应的经济决策和生态环境保护决策。企业作为营利性组织，实现盈利和为投资者创造财富是企业生产经营各种活动的直接目的。企业存在或发生的与生态环境相关的交易和事项势必牵涉资金运动的过程，本质上是企业经济活动的组成部分，其结果会影响企业的财务状况和经营成果，因此首先应当纳入企业的财务会计系统进行确认、计量、记录和报告，为企业投资者、债权人等经济利益相关方的决策服务。企业环境会计同时也是在生态环境问题持续加剧的背景下产生并以服务于生态环境保护为主要诉求，又是带有公益性质的，社会公众、政府部门、环保机构等都是环境会计信息的重点预期使用群体。在对内方面，企业环境会计系统输出的环境会计信息也用于企业内部环境资源和环境保护工作的规划、控制和管理。最高目标方面，在企业环境会计的基础目标之上，企业内部和外部利益相关方依据企业环境会计信息做出相应的经济和生态环境保护决策，以实现企业环境会计的最高目标，即实现企业自身及经济社会微宏观两方面的可持续发展，完善生态文明制度体系，打造精良的生态文明建设的“信息库”，推动生态文明建设不断迈向新台阶，促进人与自然的和谐共生，推动高质量发展。

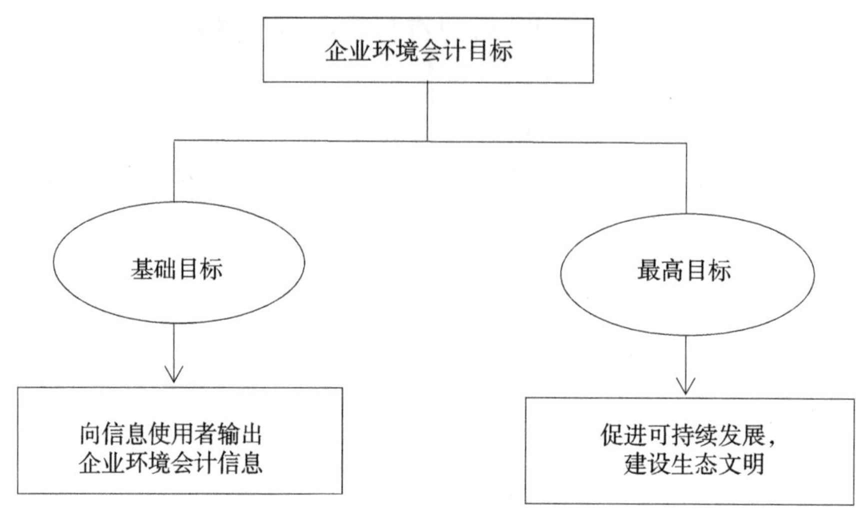

图 4-1　企业环境会计的目标

第三节　企业环境会计的假设

会计假设是会计基础理论构建中重要的一环，会计假设通常包括会计主体假设、持续经营假设、会计分期和会计计量假设。假设是以假定的形式对特定学科包含知识和理论在内的系统所划定的不可逾越的边界，是对系统存在和运行的条件、环境和规则做的预先的设定。构建会计假设的必要性在于，环境通常是一个系统存续的外部影响因素，由于这些因素纷繁复杂且极易发生变动，因此，必须运用抽象思维和方法，对其进行概括总结归纳，去除掉非正常易变的特殊性因素，从而构建出足以保证系统正常运行的外部环境。会计假设的作用主要体现在两方面：一是规定了系统的边界。比如会计主体假设能够让针对特定经营主体构建的财务会计系统与不针对特定经济主体构建的管理会计系统有明确的分隔；货币计量假设能够让以货币为主要计量单位的会计信息系统与运用其他计量单位的信息系统有明确的分隔。二是构建了后续会计方法的前提。从步骤上来看，会计方法是将会计对象归类为不同的会计要素，在此基础上进行确认、计量、记录和报告的一套固定的会计处理流程，而会计原则则是在这一套会计处理流程中应当遵循的规则和要求。无论是会计方法的采用还是会计原则的形成都必须建立在严密的环境假设基础上，如权责发生制作为一项重要的会计原则，它的确立离不开“持续经营”和“会计分期”。就组成部分而言，会计假设的内容应满足充分性和必要性。所谓充分性是对会计假设数量上的要求，会计假设应当足够多，以使各个假设能够相互联结构成一个完整的会计假设体系；所谓必要性是对会计假设质量上的要求，会计假设并非数量越多越好，因为随着假设数量的增加，各个假设之间总会不可避免地出现内在一致的重叠内容，必要性要求会计假设的创立要有足够的某个方面的代表性，假设与其他假设之间不应存在明显的同构、嵌入或者交叉的横向平面关系，也不应存在明显的分解或推导的纵向因果联系。

一、会计主体假设

会计假设体系的构建通常是从会计主体假设入手。企业环境会计主体是指企业环境会计服务的特定单位。构建环境会计主体假设就是规定企业环境会计核算和监督的范围，解决企业环境会计为谁记账的问题。一般意义上的会计主体是会计反映的特定对象，它划定了会计信息加工和处理的实体边界，框限出了会计信息加工和处理的实体空间，会计加工处理的信息只能来自该实体空间下特定的经营主体，会计依存和专门服务于该经营主体，只记该主体的账，只核算主体存在和发生的交易和事项。会计主体包含三层含义，即独立性、整体性和实体性。独立性意味着会计主体一定要有自主性独立的经济活动，该主体的经济活动与其他主体的经济活动能够明确区分；整体性是指会计加工和处理的信息是将企业作为整体来看待，不只针对企业的某个局部；实体性是指会计主体一定是经济实体，与是否是法律主体没有必然的联系。

亨得里克森对会计主体的界定有两种观点，即“单位说”与“信息使用者说”，“单位说”突出“控制”的理念，即以是否具备经济控制和经济活动能力、是否承担相应的义务为标准界定会计主体；“信息使用者说”则是强调“信息需求”的理念，站在信息使用者的立场界定会计主体。依据“单位说”的原理，企业拥有完全的法律主体地位，可以独立承担民事法律责任，是污染物的主要排放者和环境问题的重要制造者，也必须承担相应的环境保护责任，因而可以成为企业环境会计的主体。企业环境会计的主体反映的对象是经济上独立或相对独立的一个特定企业的生态环境活动，虽然企业环境会计的主体和企业财务会计的主体在形式上是相同的，但是在内容上存在差异。企业财务会计强调拥有或控制的所有权特性，而企业环境会计则注重会计主体的行为特性。行为特性的含义是，企业的生产经营活动是向社会自然索取一定的资源为基础，在合理的资源环境承载力范围内，能够形成良性循环的过程。但是，由于经济活动与生态环境之间矛盾的客观存在，企业营利性的经营目的不可避免地会促使企业在追逐利润最大化目标的过程中打破这种平衡，产生生态环境的负外部性，酿成生态环境问题，比如过度消耗了企业周边的自然资源、污染了企业周边社会公众生存的环境。如果片面注重追逐利润而忽视生态环境问题，就会使环境问题凸显出来，影响到企业的经营核算。为了能够更加准确地制定企业经营指标和实现经营发展的可持续，必须在坚持企业作为环境会计主体的基础上扩大会计核算范围，将企业的生态环境负外部性通过征税罚款等适当的方式内化为企业的生产经营成本。同理，企业的生态环境保护活动产生的正外部性，同样需要通过政府补贴等适当的方式内化为企业生产经营的收益。

二、持续经营假设

持续经营假设对于企业环境会计具有双重的含义。首先，持续经营是时间范围上的划定，该时间范围的划定与会计主体假设正好相反是无界的，具体指在可预见的未来，如果没有明显的证据证明企业不能经营下去，就认定企业会延续当前的规模和状态无限期地继续生产经营下去，不会停业、破产和大规模削减业务。在企业财务会计中，持续经营假设意味着企业拥有的资产会在未来继续被正常地耗用、出售或转换，承担的债务也会在未来继续得到清偿，收入和费用在未来继续源源不断地产生，经营成果继续不断地形成。从这个意义上来说，企业环境会计的持续经营假设与财务会计中的持续经营假设理念是一致的，只是内容体现的是环境方面的业务，即企业拥有或控制的环境资产将会在未来继续被正常地耗用、出售或转换，承担的环境负债也会在未来继续得到清偿。其次，促进企业的可持续发展是企业环境会计的目标之一，持续经营应当既是企业环境会计系统运行环境和运行条件所做的一种预先的设定，也应当成为企业环境会计系统运行追求的目标。企业应当定期评价经营活动对资源环境的影响及研判是否会对企业自身的可持续经营造成威胁，如果存在威胁，则应考虑采取何种方法及时化解这种威胁。这是因为，良好的生态环境是企业正常生产经营的必需条件，一旦维持企业正常生产经营活动必需的环境资源质量降低甚至恶化枯竭，企业就会如同陷入财务困境一般也将面临停产的局面。因此，持续经营假设要求企业应当及时对消耗或破坏的资源环境进行监测、修复和补偿，采用恰当的方法定期对资源环境的存流量进行统计核算和生态技术评估，摒弃只重视财务资源而忽视生态环境资源的存在及其意义的片面发展观，保护好资源环境，只有如此，企业才将会按既定的目标正常、持续发展下去，持续经营假设才能继续成立。

三、会计分期假设

持续经营假设赋予了会计主体一个假定层面上的无限期的经营寿命，但企业及其利益相关方不可能等到企业经营终结时才将财务状况、经营成果和现金流量进行汇总统计、结算和报告。因此，在持续经营假设基础上增设分期制度、定期结算并向信息使用者输出会计信息显得尤为必要。会计分期假设由此产生，它是指以持续经营假设成立为前提，将企业持续经营的总的期间划分为固定的几个长短相同的期间。该假设是以权利和责任的发生来决定收入和费用归属期间的权责发生制原则存在和运用的基础，也是诸如分期报告、跨期摊销递延和期后事项等会计处理方法存在和运用的依据，能够使企业分期确定损益和分期编制会计报表，定期向会计信息使用者输出会计信息，客观上增强了会计信息的及时性和相关性，提升了信息披露质量。企业环境会计中的会计分期假设与财务会计中的理念是一致的，只是内容上体现的是环境方面的业务，即分期确定企业相关资源环境的消耗、补偿和环境污染的防治状况，并定期及时向利益相关者报告。

四、多元计量假设

会计计量或称“会计要素的计量”，是指通过对会计要素内在数量进行测度、计算和确认，据以登记入账和列报的过程，它包括计量属性和计量单位两个要素。财务会计的计量通常是以货币为单位，具体是用特定国家的货币单位或者通用货币单位来表示，因此称为“货币计量假设”。货币计量假设的必要性在于，企业的各项经济业务纷繁复杂，涉及多种计量单位，会计处理又是一个从分散到汇总的过程，为了达到汇总的目的，必须寻找一个统一的量度，否则将会出现“一台机器加上两件商品”的无解问题。由于货币单位具有可加总性且能够将不同类型的经济业务表示出来，因此，财务会计中选取了货币单位作为计量的假设。该假设并非完美无缺，也存在固有的缺陷，经过会计信息系统加工处理最终进入财务报表的信息必须都是可以货币计量的，但是它们并非全是信息使用者想要获取的信息，一些不可以货币计量的信息可能对信息使用者同样具有重要的决策意义，但这些信息由于该假设的阻碍被排除在了财务报表之外，尽管它们尚可在财务报告的其他部分予以披露，但是决策的有用性已经大打折扣了。该缺陷在企业环境会计中体现得尤为明显，生态环境资源存在着多种类别，形态各异、千差万别，发挥的功能更是不尽相同，很多指标在计量上存在模糊的空间，部分反映环境状况的指标如水污染程度、绿化率、空气质量等无法适用货币计量，即使强行转化为货币计量也不能将指标的意义表述清楚。因此，在向利益相关者输出环境会计信息时，如果统一强制用货币作为计量尺度将违背会计信息质量特征的相关性原则，因为企业环境会计是一个综合信息系统，除了提供货币信息以外，它还提供以物理量为单位的物质、能量信息，而人类社会与自然界物质、能量交换的很多统计指标是不能单纯用货币度量的。这些信息将通过一定的渠道再次转化为其他形式的信息，供决策者使用。

第四节　企业环境会计信息质量特征

会计信息质量特征是指关于会计信息质量的标准体系，规定了会计信息合格所应达到的基本要求，构建严密完整的会计信息质量特征，对于把关会计信息输出和科学评价决策有用会计目标的实现程度具有重要意义。葛家澍和刘峰（2003）认为，会计信息质量特征就是对会计信息应具有的质量标准所做的具体描述或要求，也是对会计信息质量进行评判的最一般和最基本的依据，它具体规定了会计信息为实现会计目标应具备的质量要求；[①] 吴水澎（2000）认为，会计信息质量特征就是会计信息所应达到或满足的基本质量要求，它是会计系统为达到会计目标而对会计信息的约束。[②] 所以，企业环境会计信息质量特征要在遵从企业环境会计的目标基础上加以确定，才能真实地反映企业环境会计信息的质量。一般认为，考虑到为信息使用者提供决策有用的信息是会计的最主要目标，相关性是所有信息质量特征中能够保证会计信息决策有用的最重要的特征。沙迪·扎德（1993）指出，对任何机构主体而言，无论提供的会计信息是出于什么目的，都要符合一定的原则，这些原则就是所谓会计信息质量特征。一般的观点认为，可靠性与相关性是基本特征，重要性、可比性、可理解性是重要特征，及时性和成本效益原则等属于修正性原则。具体来看，侧重各有不同。莫里斯·穆尼茨（1961）指出，会计信息质量应当具有连续性、客观性、一致性等特征。美国会计学会（1966）提出相关性、可验证性、超然性、可定量性等四条质量标准。美国会计准则委员会（1970）提出相关性、可理解性、可验证性、不偏不倚性、及时性、可比性、完整性的特征体系。考希克（2006）认为质量特征应包括可理解性、相关性、重要性、可靠性和及时性。本书在参照借鉴上述观点的基础上，结合企业环境业务的内容，将企业环境会计信息质量特征界定为相关性、可靠性、可比性、重要性、清晰性和及时性六个维度，其中，可靠性、相关性、清晰性和可比性属于首要质量特征，重要性、及时性属于次要质量特征，如图 4–2 所示。

①葛家澍，刘峰．会计理论——关于财务会计概念结构的研究[M]．北京：中国财政经济出版社，2003.

②吴水澎．中国会计理论研究［M］．北京：中国财政经济出版社，2000.

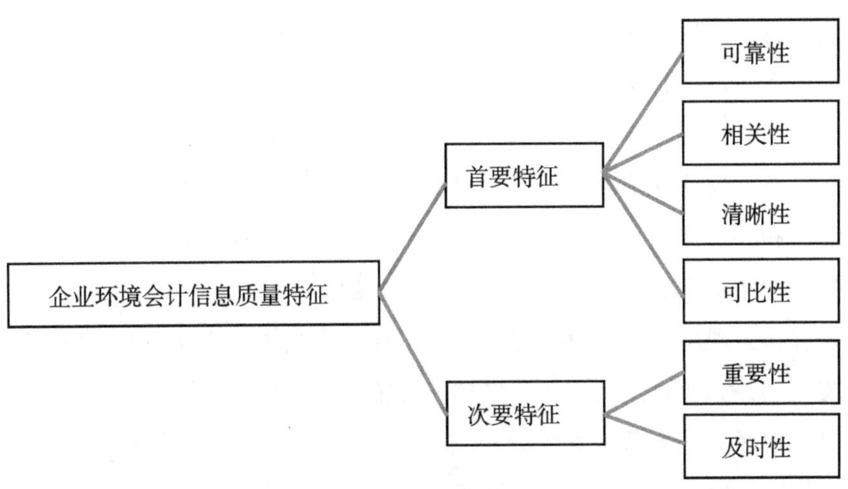

图 4-2　企业环境会计信息质量特征体系

一、相关性

相关性是指环境会计信息应当具备影响信息使用者做出决策的能力。相关性要求企业提供的环境会计信息应当与环境会计报告使用者的决策有关。由于企业环境会计是具有基础目标和最高目标的双重目标体系，因此环境会计信息的使用者也来源于这两个目标所对应的主体。从基础目标来看，企业输出的环境会计信息应当与企业投资者、债权人、产品市场上的消费者等经济主体的决策相关。具体而言，投资者通过环境会计信息应当能够知悉企业的环境绩效，并研判其对企业财务安全性和盈利能力的影响进而做出投资决策；金融机构等债权人在发放贷款时，出于贷款的可收回安全性必须通盘分析企业的财务状况，通过环境会计信息应当能够研判企业由于环境问题可能诱致的财务风险从而做出是否发放贷款的决策；随着我国经济社会发展进入生态文明新时代，社会公众对于优质生态产品的需求不断增加，商品市场上的消费者应当能够通过搜索目标企业的环境会计报告了解该企业生产的产品是否绿色无污染、是否会对自身身体健康构成伤害；一些环境保护理念比较深厚的社会公众通过环境会计信息能够洞悉企业的生产经营过程是否会对生态环境造成破坏，以及了解企业环境社会责任履行状况从而对企业的形象形成自己的感官印象。从最高目标来看，高质量的环境会计信息可供企业管理当局做出更有效的内部环境资源和环境保护工作的规划、控制和管理决策，促进企业在追逐盈利的过程中实现和保持可持续发展；企业的环境会计信息作为生态文明建设在微观层面上内存量巨大的信息库，应当与生态文明建设的决策相关，各级政府部门、环保机构能够依据企业环境会计信息来知悉和研判地区的生态环境资源的存流量、生态环境污染和治理的状况，制定相应的地区生态环境保护政策，打造优质的生态环境，完善生态文明制度体系。

二、可靠性

可靠性或称真实性。财务会计信息的可靠性是指会计处理应当以实际发生的交易或事项为依据，如实反映企业的财务状况、经营成果和现金流量。企业环境会计与企业财务会计信息在可靠性的理念上是一致的，只是内容上体现的是环境业务的内容，即企业环境会计应当以监管机构发布的环境会计信息披露制度为根据，如实反映企业与生态环境相关的交易和事项，如实评价企业生产经营活动对生态环境造成的影响，利己的生态环境保护交易和事项及生产经营活动对生态环境造成的影响不应在环境会计信息中吹嘘夸大，不利己的生态环境保护交易和事项及生产经营活动对生态环境造成的不利影响也不应在环境会计信息中回避隐瞒。从企业环境会计信息披露的现状来看，出于节约环境会计信息披露成本、保守企业商业秘密、维护企业财务利益战略利益以及保持企业良好形象声誉等诸多因素的考虑，企业往往会选择不披露和尽量少披露环境会计信息，使得环境会计信息未能真实完整反映企业生态环境状况的全貌，从可靠性方面降低了环境会计信息披露的质量。

三、可比性

可比性同样也是企业环境会计信息质量特征中不可或缺的，增强企业环境会计信息的可比性有助于提升企业环境会计信息的相关性。可比性是指同一企业在不同会计期间、不同企业在相同会计期间针对存在和发生的与生态环境相关的交易和事项的会计处理要遵循相同的会计政策、核算方法和计量属性等基本会计政策，一经确定不得随意变更。可比性要求企业提供的环境会计信息应当相互可比，对于同一项业务，同一企业不同时期应当具备可比性、不同企业相同会计期间应当具备可比性。相同的基准是信息实现可比性的先决条件。由于目前我国企业环境会计是尚处于科研、探索和试点的新生事物，环境会计的制度规范尤其是企业环境会计准则长期以来一直处于缺失状态，因此企业在涉及生态环境交易和事项的会计处理时具有较大的自由裁量空间，可以在充分权衡各种利弊的基础上发布环境会计信息，环境会计信息披露体现出了较高的主观性和随意性，造成了环境会计信息披露的企业数量较少、披露的形式混乱、披露的内容质量较低等问题，从可比性方面降低了环境会计信息披露的质量。

四、重要性

企业环境会计信息如同企业财务会计信息一样并非是同质的，存在重要信息和非重要信息之别，划分的依据是是否足以影响到信息使用者做出的判断和决策。重要性与相关性同样存在着关联，相关性是判定重要性的标准之一，依据重要性原则处理的会计信息可以提升其相关性。重要性原则要求企业提供的环境会计信息应当反映与企业生态环境保护状况有关的重要的交易和事项，对于不重要的业务可以简化处理，不必在环境会计报告中详细列示。重要性应当依据企业具体的生态环境状况而定，从项目的性质和金额两个方面予以判定，且对各项目重要性的判断标准一经确定，不得随意变更。判断项目性质的重要性，应当考虑该项目在性质上是否是利益相关方的重大关切，比如产品是否绿色无污染、主要排放污染物情况以及是否是生态文明建设需要采集的数据等。判断项目金额大小的重要性，应当考虑该项目金额占各环境会计要素的比重大小或环境会计报告单列项目金额的比重大小。

五、清晰性

清晰性特征要求企业提供的环境会计信息应当清晰明了，便于信息使用者理解和使用。清晰性是相关性、可靠性等会计信息质量特征的前提，企业输出会计信息的直接目的就是使用，只有读懂会计信息并理解会计信息的内涵，才能进一步判定是否具有其他会计信息的质量特征。环境会计是环境经济学和会计学学科交叉形成的会计学分支，会计学在其中主要起到了工具和主体性作用，内容上体现的是环境经济学的内容，“隔行如隔山”，环境会计报告中除去部分固定性的会计术语，其他主体内容可能对于非环境经济专业领域的信息使用者存在着理解上的困难。因此，环境会计报告项目和内容的设置应当充分考虑到环境经济学与会计学之间存在的专业差异，做到尽量能够让最广泛的信息使用群体理解和使用环境报告的内容，必要的时候可以在环境会计报告的适当位置做出注释或说明，以提高清晰程度。

六、及时性

及时性特征是指企业环境会计的信息应当及时收集处理，不得提前或延后，这是由会计信息的时效性决定的。会计信息是否有决策价值，一是看会计信息是否具有可靠性和相关性等横截面质量特征，二就是取决于会计信息纵截面的及时性特征，如果会计信息只具有高质量的横截面特征而不具备纵截面特征，会计信息的价值也会大打折扣。及时性特征要求企业环境会计系统在运行过程中应当在会计确认、计量、记录和报告过程中的各个环节及时依据相应的制度规范做出会计处理，并将最终的环境会计信息及时传递给信息使用者，以便于其及时使用和决策。“欲速则不达”，及时性特征在贯彻过程中不可避免地会产生与可靠性相互冲突的情况，这就需要企业管理当局依靠经验智慧和专业判断在及时性和可靠性之间寻求最佳的平衡点，以最大限度地利于信息使用者的决策。

第五节　企业环境会计要素的界定和计量

一、企业环境会计要素的界定

关于会计要素的定义，葛家澍教授的观点是：“通过一定的标准，辨认应予输入会计信息系统的经济数据，确定这些数据应加以记录的会计对象的要素，进一步还要确定已记录和加工的信息是否全部列入会计报表和如何列入会计报表。”美国财务会计准则委员会（FBSB）的观点是：“将某种信息正式纳入会计程序，列入相应会计要素进行记录或者将其列报于财务报表的过程，这一过程包括同时使用文字和数字描述某一项目，并将该金额包括在财务报表的总计金额之中”。国际会计准则委员会（IASC）的观点是：“符合要素定义和规定确认标准的项目纳入各会计报表的过程”。可以看出，会计确认是一个规则转换的过程，原始的交易和事项会表现出多种多样的形式或语言，如果未加任何处理将无法纳入统一规则运行下的会计信息系统进行处理和披露。因此，这些交易和事项首先需要会计确认这个规则转换的过程，通过该过程转化为统一的会计信息系统语言，并依据会计信息系统的规则进行后续的记录和披露。企业环境会计确认是指将企业资源、生态环境相关的交易和事项作为环境会计要素进行记录和列入环境报告的过程。

会计要素的确认是实现整个会计确认的前提工作，也是形成会计报表基本框架的基础。我国的《企业会计准则》将企业财务会计划分出了资产、负债、所有者权益、收入、费用和利润六个会计要素。企业环境会计同样需要在基础理论构建过程中明确界定出企业环境会计的要素，来为企业环境会计的核算指明方向，为环境会计报告组建基本架构。现有研究成果中对于企业环境会计要素的界定存在着“三要素论”“四要素论”“五要素论”和“六要素论”等不同的观点。“三要素论”中，李心合（2002）主张应当包括环境资产、环境负债和环境成本；孙兴华等（2000）主张应当包括环境成本、环境收入和环境会计收益；刘永祥（2001）主张应当包括环境资产、环境效益和环境费用；王辛平等（2000）主张应当包括自然资源的损耗、环境保护支出和环境保护收益。“四要素论”中，朱学义（1999）和方文辉（1999）主张应当包括资源价值、环境成本、环境收益和环境利润；李宏英（1999）主张应当包括环境污染损失、自然资源损耗、环境保护支出和环境保护收益；肖序（2010）主张应当包括环境资产、环境负债、环境成本和环境收益。“五要素论”中，李武立（2000）主张应当包括环境资产、环境负债、环境成本、环境损失和环境收益；李永臣（2005）主张应当包括环境资产、环境负债、环境收入、环境费用和环境收益。“六要素论”中，陆玉明（1998）、陈琳等（2001）主张应当包括环境资产、环境负债、环境权益、环境收入、环境费用和环境利润。从以上的观点来看，环境资产、环境负债和环境损益类获得了较多的认可，至于环境权益是否有创设的必要、环境成本是否界定为环境会计要素存在争论。

本书认为，企业环境会计应当采用五要素来界定，分别是环境资产、环境负债、环境净资产、环境收益和环境费用。环境成本单独归集、分配和核算，不作为会计要素之一。这五个要素以及环境成本与财务会计中相应会计要素的本质内涵是一致的，只是内容体现的是企业环境业务。不设置“环境利润”或“环境绩效”的考虑在于，企业环境会计并非服务于企业的经济利益，只是将企业存在或发生的与资源和生态环境相关的交易和事项予以反映和输出，且许多项目无法予以货币计量，环境收入与环境费用的差额所得的数值并无实质意义，单个数值也无法反映企业环境绩效的全貌。具体而言，环境资产是指企业会计主体通过过去的交易和事项形成的、由企业会计主体拥有或控制的经济资源，该资源预期会给企业会计主体提供未来环境效益或者带来未来的经济利益。环境资产的确认条件包括企业对于环境资源具有所有权或使用权、环境资源能够可靠计量、环境资源具备经济利益流入和生态环境效益的潜能。环境负债是指企业会计主体由于过去的活动或法定的责任形成的现时义务，履行该义务预期会导致带有经济利益的资源流出企业会计主体。环境负债的确认标准包括造成环境负债的事由很有可能发生、环境负债能够可靠计量。环境负债可以进一步划分为确定性负债和或有负债。前者是由于企业过去的经营活动或其他事项对生态环境造成的破坏和影响，而应当由企业会计主体承担的、需要以资产或劳务偿付的现时义务，后者则是由于对环境造成破坏和影响而使企业会计主体承担的、需要以资产和劳务偿付的，并且发生和不发生有赖于一项或若干不确定的未来事项的潜在义务。环境净资产是指企业会计主体的环境资产扣除环境负债后的余额。环境收入是指企业会计主体在资源和生态环境相关活动中形成的、会导致环境净资产增加的经济资源的总流入。环境收入的确认条件包括环境收益很有可能实现、环境收益能够可靠计量。环境费用是指企业会计主体在资源与生态环境相关活动中形成的、会导致环境净资产减少的一定会计期间经济资源的总流出。环境成本是指企业对其在经营发展过程中已经产生或者预期可能产生对于资源和生态环境的损害进行预防、恢复和补偿所引发的企业资产价值的损耗。

二、企业环境会计要素的计量

会计计量一般是指为了将符合确认条件的会计要素登记入账并列报会计报表而确定其金额的过程。美国会计学会 1971 年发表的《会计计量基础委员会报告》中将计量定义为，“按照规则，在观察和记录的基础上，将数字分配给一个主体的过去、现在或未来的经济现象”。井尻雄士认为，计量是一种特殊的语言，它通过数字和数字系统预先决定的数字关系来反映现实世界的现象。葛家澍教授认为，会计计量是指在企业核算中对会计对象的内在数量关系加以衡量、计量和确定，使其转化为能用货币表现的财务信息和其他有关的经济信息，以便集中和综合反映企业的财务状况及其变动和财务成果。[①] 国际会计准则委员会在其发布的《编报财务会计的框架》中指出，计量是指为了在资产负债表和利润表内确定和列示财务报表要素而确定其金额的过程。企业环境会计要素的计量是指用货币或者其他计量单位计量企业资源和生态环境相关的交易和事项及其结果的过程。虽然企业环境会计和企业财务会计两套会计系统在会计目标和会计职能等方面存在本质的差异，但是二者在计量方法等技术层面是相通的。在企业财务会计中创设的历史成本、重置成本、可变现净值、现值和公允价值计量属性，在企业环境会计要素的计量中依然可以依据恰当的条件选择运用。

（一）环境资产的会计计量

从构成内容来看，企业环境资产大致包括企业为预防和治理生态环境污染而购置的环保设备、购买或研发的生态环境保护的专利和技

①葛家澍．会计学导论［M］．上海：立信会计图书用品社，1988.

术、为依法向环境排放污染物或排污权交易而购买的排污许可证，以及获得的矿产、海域、土地等资源的开采和使用权。其中，环保设备可比照《企业会计准则第 4 号——固定资产》的规范来进行会计计量；环保专利和技术、排污许可证、资源开采和使用权可比照《企业会计准则第 6 号——无形资产》的规范进行会计计量。

（二）环境负债的会计计量

从会计计量的角度出发，环境负债依据导致负债的事由可分为确定性负债和非确定性负债。前者是指由企业的生产经营活动引发的、经生态环境监管部门做出的具有明确货币金额标识的负债，该类负债直接依据相关部门裁定的金额入账即可。非确定性负债包含两类，一类是非法律强制性的环境修复责任，一类是或有负债。对于非确定性负债的数额，应当按照履行相关现时义务所需支出的最佳估计数来确定，并在财务报表附注中注明做出该会计估计的依据。

（三）环境成本的会计计量

企业环境会计成本与企业财务成本在本质上是一致的，都是为了实现相应的资产功能而发生的资产价值的折耗，只不过财务会计中的资产折耗是为了获取某种经济利益，环境会计中的资产折耗是为了实现某种生态服务的功能。因此，企业环境成本的计量依然可以遵循基本的企业财务成本计量的原则和方法。通常情况下，就获取经济利益和实现生态环境保护功能这两种不同职能而言，企业当中的一部分资产是专用性质的，其购置或者专门为获取经济利益，或者专门为实现生态环境保护功能，对于该类专用性质资产发生的折耗，依据其功能分别归集为相应的财务成本或者环境成本即可。另一部分资产则是非专用性质的，其价值折耗既能够为企业带来经济利益，又具有生态环境保护的功能，对于该类非专用性质的资产的价值折耗，相应两类成本的归集和核算过程中会存在共同的区间，这就需要企业的管理当局和会计人员依据专业判断，制定合理的分离或分配两类成本的具体标准和方法，以达到这两类成本都能够可靠计量的目的。

第五章　国外企业环境会计的发展概况与经验总结

第一节　国外环境会计的整体发展概况

美国著名会计史学家迈克尔·查特菲尔德在《会计思想史》（A History of Accounting Thought）中写道："会计的发展是反应性的""会计主要是应一定时期的商业需要而发展的，并与经济的发展密切相关"。[①]会计发展与会计环境在长期的演变过程中表现出了不可分割、相辅相成和教学相长的关系，会计是社会经济和市场发展到一定阶段的产物，会计环境的变化、市场的发育和壮大促进着会计的产生和发展，优良的会计环境是会计各项职能不断完善的温床。会计作为重要的经济计算工具，利用其核算和监督的基本职能，借助于预测、决策、规划、控制和评价等基本方法为会计主体的经济业务服务，反过来推动着会计环境的进步。作为会计分支的环境会计的产生和发展同样离不开其所处的社会经济环境。

工业文明时代到来以前的环境下，人类生产、生活活动对自然环境的影响还远远低于自然环境的承载能力和自身的净化能力，并未对环境造成实质性的伤害，这个时期，经济发展对于环境的影响尚未引起人们的关注和钻研，因此也未催生相关会计领域制度的变化。工业文明时代的到来引发了环境的重大变革，生产发展、生活活动逐渐对环境构成了实质性的伤害，重大的环境污染事件不断发生，对人类的福祉造成了日益严重的冲击，这时候人类对于环境问题开始后知后觉，一些有识之士开始觉醒并思索人类的生产、生活活动造成的环境病症并试图寻求解决环境问题的良方，尤其是将环境治理的矛头对准了制造环境污染的企业，环境会计逐渐进入历史的视野。

环境会计的思想最早可以在20世纪初期福利经济学的创始人庇古

①吴革．国际会计［M］．北京：对外经济贸易大学出版社，2005.

开创的福利经济学理论中找到。按照他的观点，市场配置资源失效是经济人的私人成本与社会成本的非一致性造成的，私人效用最优的结果只会导致社会总效用的非最优，政府可以通过征税或者补贴来纠正经济人的私人成本，使私人成本和私人利益与相应的社会成本和社会利益相等，则资源配置实现帕累托最优。企业制造的环境污染具有负外部性，企业在记账时只记录企业内部的环境成本，无法记录企业外部的环境成本，形成了企业私人环境成本和社会环境成本的不一致，这种情况下，政府可以依据企业污染物的排放量或者造成生态环境污染的危害程度向企业强制征税，把这部分外部环境成本内化到内部成本当中，环境资源由此可以实现帕累托最优。从会计处理的角度看，“庇古税”的思想和处理方式拓展了企业会计主体和相应会计核算的边界，纠正了传统企业财务会计经济利益核算导向下的核算范围的片面性，将实质上隶属于企业耗费的生态环境成本真正纳入了企业会计系统，使其更加合理地反映了企业生产经营成本的全貌，有利于生态环境资源的优化配置，提升企业的经济效率。

20 世纪 50 年代，生态环境情势的发展逐渐使得部分学者意识到建立环境会计的必要性。1956 年就有国外学者提到：“考虑到自然资源之于一个国家的意义，应当构建环境会计体系用以核算自然资源年度的总量和变动情况。”随着社会公众环保意识的逐渐提高和重度公共污染事件的频发，制造环境污染的企业和组织都不同程度地受到了社会公众和舆论的谴责，部分污染较重的企业和组织甚至因此被诉诸司法并受到了严厉的处罚。这个时期，西方工业发达国家纷纷采取严格的法律手段和经济手段对企业污染物的排放行为进行积极的干预和处罚，企业在多重压力之下开始逐步意识到和重视自身的生产经营活动对社会公共环境的不利影响，并制定和采取相应的措施，努力减少污染物的不合理排放，投入人力、财力和物力对自身生产经营过程中产生的废气、废水、废渣等污染物进行恰当的处理，如此便给企业增添了大量前所未有的与生态环境相关的经济业务形式和业务内容，以此推动着企业会计核算体系的变革，生态环境因素由此被逐渐纳入企业会计核算体系中，部分企业也开始在自己的会计报告中披露有关生态环境保护的社会责任信息。

环境会计研究一般被认为正式开始于20世纪60—70年代。1971年比蒙斯撰写的《控制污染的社会成本转换研究》（*Pollution Control Through Social Cost Conversion*）和1973年马林的文章《污染的会计问题》（*Accounting for Pollution*），吹响了环境会计研究的号角。环境会计研究开始是作为社会会计研究的一部分的形式出现的，使得当时环境会计相关研究的成果多数冠以"社会会计"的名称。这时期代表性的研究成果包括埃斯特1973年出版的著作《会计与社会》(*Accounting and Society*)和拉玛纳森1976年发表的论文《公司社会会计原理》(*Toward a Theory of Corporate Social Accounting*）。

随着社会会计研究的推进，进入20世纪80年代以后，其研究内容逐渐远离了环境会计的内容，变得更加宽泛并且缺乏明确的理论框架，使得环境会计研究逐渐脱离了社会会计而自成一派，一部分学者开始对环境会计进行专门研究，环境会计的相关分支研究如环境管理会计、环境成本会计、环境审计和资源会计等的研究成果大量出现，联合国国际会计和报告准则政府间专家工作会议也开始讨论和研究环境会计和环境会计信息披露问题。随着1987年联合国在《我们共同的未来》中正式提出"可持续发展"的理念和1992年联合国环境与发展大会《21世纪议程》的发布，环境会计被提升到了全新的高度，相应的环境会计研究也从数量和质量上得到了空前的提升。

进入20世纪90年代，环境会计研究取得新进展。有关环境会计的专门书籍相继出版，国际会计专业组织也对环境会计和报告事项提出了基本框架，环境会计学科基本形成。1990年罗布·格雷撰写的《绿色会计：Pearce之后的会计职业界》（*The Accounting Profession After*

Green Accounting: Pearce）成为环境会计研究史的一个重要节点，环境会计研究由此被转移到了全球理论研究的视野中心。他认为“绿色会计是出于交易和公共福利的目的，在进行未来财富创造和资源保护时，根据资源拥有者和管理者都允许的规则，来核算和计量资源耗费状况的会计”。1991 年，联合国的国际会计和报告准则政府间专家工作组（Intergovernmental Working Group of Experts on International Standards of Accounting and Reporting，简称 ISAR）对环境保护会计问题进行了广泛的讨论，并发表了《出于对政府及信息利用者的考虑的结论》，该文件对企业环境会计信息披露问题做出了规定，成为环境会计信息披露方面的全球第一份建议书。1993 年，联合国会同其他相关组织在总结各国实践的基础上首次提出“环境与经济国民核算体系”（The System of Integrated Environmental and Economic Accounting，简称 SEEA），将环境因素全面系统地加入经济核算中，初步搭建起了一个基于可持续发展的综合核算框架。1997 年，ISAR 发布了《企业层次的环境财务会计和报告》（*Environmental Financial Accounting and Reporting at the Corporate Level*），继续增强对环境会计和报告实务的指导作用。1998 年，ISAR 讨论公布了《环境成本与负债的会计与财务报告》（*Accounting and Financial Reporting for Environmental Costs and Liabilities*），该报告系统阐述了环境成本和负债的理论与实务问题，包括会计核算的必要性、会计确认和会计计量等，成为公认的国际上首部环境会计指南。1999 年，ISAR 公布了《环境会计和报告的立场公告》（*Position Announcement on Environmental Accounting and Reporting*），国际环境会计披露制度与披露报告规范正式形成。2000 年，全球报告倡议组织（Global Reporting Initiative，简称 GRI）发布了《可持续发展报告指南》（*Guidelines for Sustainable Development*），该指南着重强调经济发展与生态环境密不可分的关系，要求经济业务涉及的资源开发利用、自然环境承载力等都要在会计核算中考虑到并予以披露。2012 年，历经

SEEA-2000、SEEA-2003 等版本的多次修改，联合国颁布了包含 7 个账户的首个国际资源环境核算统计标准 SEEA-2012，成为国际上自然资源会计核算的新标准，也是至今最具影响力的环境经济核算账户体系。

在此之后，学者们对环境会计的定义形成了两种主流的观点，一种认为环境会计是起到“簿记”作用的衡量工具，该观点意味着会计是计量特定主体经济绩效的一种工具。比如帕斯金和安杰利斯（2001）就将环境会计视为对传统经济绩效计量方法所做出的修正，目的是让自然环境的变动能够更加清晰地显现出来。另一种观点认为环境会计是管理的工具，服务于企业整体管理的需要。如斯蒂尔和鲍威尔（2002）将环境会计视为环境管理系统，通过该系统的运作，让企业感受到环境因素影响力的存在。

随着环境会计研究的持续深入和拓展，对环境会计研究的视角不断丰富，研究成果不断涌现。格雷和贝宾顿（2001）、海因斯（1988）、所罗门和汤姆森（2009）等分别从环境会计的核算范围、特征、概念等方面发表了自己的观点，如“环境会计不应限于企业的范围”“环境会计还应当具有实证性、透明性、客观性、可验证性、可审计性等特征”“环境会计是集自然、经济、文化、伦理和社会资源等元素于一身的综合系统，环境会计既要衡量环境效率，又要衡量社会效率”等。

第二节　美国环境会计发展概况

美国是全球较早推行环境会计制度的国家之一，发展至今已经建立起了强大的环境会计制度。美国环境会计制度整体上包含了宏观和微观两个层面，前者涉及国民经济的核算和报告，后者主要是和企业财务会计和报告相关联，企业必须定期将生产经营活动对环境的影响向外界报告。美国环境会计之所以发达，一是由于联邦政府高度重视并制定了完善的环境法律法规体系作为环境会计推行的先导，并积极引导和指导环境会计制度建设；二是会计专业机构组织在环境法律法规的指引下制定和推行了细致的环境会计制度；三是美国民众生态环保意识的觉醒和对良好生态环境的需求，对生态环境法律法规和环境会计制度起到了推动作用。

从环境法律法规体系来看，美国最早的生态环境保护法当属1872年推出的《黄石国家公园法》（*Yellowstone National Park Act*），该立法的目的在于保护黄石国家公园的自然资源和野生动物。为了规范废弃物排放，美国在1899年颁布了《河流和港口法》（*Rivers and Horbours Act*）和《废物法》（*Refuse Act*）。19世纪末期，美国致力于森林保护的立法工作，于1891年通过了《森林保护法》（*Forest Reserve Act*），授权总统可以把林地划为国家公园或水资源保护区。从20世纪中叶开始，洛杉矶和宾夕法尼亚州发生了环境污染事件，促使民众开始反思经济发展方式的问题，深刻认识到生态环境保护的重要性，许多个人和组织自发参与到生态环境保护的浪潮中，纷纷倡导生态环保的新生活方式，客观上加速了美国环境法律体系的建立和政府环境保护职能的形成。随后，美国政府陆续制定和颁布了一系列环境保护方面的法律法规，逐渐建立起了完善而强大的环境法律法规体系。比如1955年颁布的《大气污染控制援助法》（*Act to Provide Research and Technical Assistance Relating to Air Pollution Control*）、1969年通过的首部综合性环境法律《国家环境政策法》（*National Environmental Policy Act*，简称HEPA），该法案揭示出了美国的环境政策，扮演着美国环境基本法的角色，该法将人与自然的和谐相处确定为该法的基本精神，还要求联邦政府所有部门必须提交针对本部门活动所制定的环境影响评估报告，所有政府部门最大限度地投入环境保护工作中，强制履行环境保护的义务。1970年，美国环境保护的主管部门环境保护署（EPA）成立，该机构负责制定执行环境法规、参与环境保护研究项目以及对公民实施环保教育等。随后，《清洁空气法》（*Clean Air Act*）、《清洁水法》（*Clean Water Act*）、《农药控制法》（*Pesticide Control Act*）、《濒危物种保护法》（*Endangered Species Act*）、《安全饮用水法》（*Safedrinking Water Act*）、《资源保护与恢复法》（*Resource Conservation and Recovery Act*）、《有毒物质控制法》（*Toxic Substances Control Act*）、《国家森林管理法》（*Toxic Substances Control Act*）、《鱼类和野生动物保护法》（*Fish and Wildlife Conservation Act*）等环境法案相继推出，这些法律法规一方面对公民、组织和企业相关的资源环境利用和破坏行为提出了严格的法律约束和惩罚机制，且具有较强的执行力，另一方面也为环境会计准则和环境会计信息披露规范的制定和推行创设出了优质的法制土壤和法律环境。

美国环境会计准则的特点表现在对环境成本和环境负债的会计处理上。美国环境会计准则的制定和推动机构包含了国际会计准则委员会（IASC）、美国财务会计标准委员会（FASB）、证券交易委员会（SEC）和美国注册会计师协会（AICPA）所属会计标准执行委员会。《FASB第5号准则公告——或有负债会计》明确规范了责任方环境成本处理的恢复和索赔标准，量化了环境成本的确认和损失的计算；《FASB第14号解释公告——损失值的合理估计》进一步明确了环境负债的计量方法；《紧急问题工作组报告——石棉清理成本和会计处理、清理污染成本的资本化、环境负债会计》完善了环境负债的会计处理。AICPA公布了《环境修复负债》，为环境会计负债的确认计量和披露提供了依据。

在信息披露方面，1989年，环境责任经济联盟（Coalition for Environmentally Responsible Economics，简称CERES）成立并开始致力于美国企业环境报告书的起草工作。美国的环境会计信息披露属于法定披露项目，上市公司应当在财务会计报告中准确估计环境因素引致的成本对财务绩效的影响，准确测度环境成本和负债的数值并对外报告。美国《证券法》规定，上市公司必须依据SEC的要求对外报告环境信息，SEC借助于解释公告和信件，要求上市公司对外报告执行环境相关法律法规对公司业务的冲击、环境因素引发的或有事项和评估的潜在风险等。通过这些具体规定的推行，企业能够更加清楚地知悉自身资源环境的详情，从而既能够制定决策满足内部管理，同时也能够为外部利益相关方提供高质量的信息。

第三节 日本环境会计发展概况

作为中国的近邻，日本的环境会计建设在亚洲范围内是领先于其他国家的，其发展经验同样值得学习和借鉴。

日本环境会计的发展是建立在日本民众环境意识的觉醒、强大的环境管理机构建设、健全完备的环境保护制度以及虚心学习欧美国家环境会计发展经验的基础之上。第二次世界大战给该国的经济和民众的生存生活环境笼罩了浓厚的阴霾。战后，为了迅速恢复和发展国民经济，日本大力发展工业经济，在发展经济的同时也对本国的资源和生态环境造成了伤害，环境破坏和污染迅速蔓延开来，并在富士山、熊本县、四日市、神奈川县、九州和四国等地酿成了重大的公共环境污染事件。这些重大公共环境污染事件引发了严重的环境灾害，日本政府为此不断改革和完善环境管理机构、持续出台环境法律法规政策，试图防范和治理与日俱增的环境污染。

1967年日本国会通过《公害对策基本法》，对公害防治的基本制度、对策、费用负担、财政措施、组织机构与职责做了简明而严格的规定。其主要特点与内容包括：在全世界首次以基本法的形式确立公害防治的具体内容；明确规定保护国民健康和维护生活环境质量是国家的基本责任；明确规定内阁总理大臣必须兼任环境保护最高机关——公害对策会议之会长，并直接负责委任其成员；确立了中央地方两级政府在公害防治方面的财政援助制度。

1968年，《大气污染防治法》颁布，用以防治和保护大气环境，确保公民健康和生活环境安全，该法律对排放大气污染物质的工业企业进行了规制。1970年，为了协调各部门的环境保护工作，公害对策本部成立。同年，《水质污染防治法》颁布，着手处理污染问题。1971年，日本环境厅成立，继续致力于防治公害，并开始推动生态环境保护工作。该机构整合了原厚生省、林业厅等多个环保相关机构的职能，增强了统一协调性和综合决策性，提升了环境管理和决策的效率。1973年该机构推出了《公害健康损害补偿法》。20世纪80年代到90年代，政府开始提倡在生产和消费环节上遏制防治污染，可持续发展战略也在这个时期形成，环境保护的理念在日本逐渐深入人心，企业的生产经营理念也悄然发生了转变，更多地考虑环境的影响，环境状况因此得到了明显改善。与此同时，《湖泽法》《固体废弃物处理法》《环境基本法》等的颁布不断充实完善着环境法律法规体系，这些法律法规既依靠政府的强制力开展生态环境保护，同时也重视和积极调动市场和日本民众的力量，为环境会计的推行奠定了坚实的基础。环境厅于2001年升格为内阁级别的机构“环境省”，该机构沿袭了环境厅的职能，同时还被赋予了对固体废弃物实行统一管制以及制定国土规划中有关环境保护事物的职能。另外，环境省还将与其他相关机构一道共同参与管理环境事务，由此构建起了环境省统一指挥下的多机构合作的环境管理工作模式。此后，日本在更多细节方面继续改革和完善环境管理组织体系，不断充实和优化环境管理机构的职能。

在积极致力于环境管理机构改革和环境保护法律制度搭建的同时，日本也在积极探索学习和效仿欧美国家环境会计的发展经验。日本环境会计的主要推动机构是环境省，并在日本公认会计师协会的助力下制定环境会计制度。1997年环境会计委员会成立，随后该机构发布了《关于环境保全成本公示指南》，该指南将降低环境负荷作为把握环境保护成本的关键措施，提出了环境保护成本的基本理论和方法。2000年颁布了《环境会计指南（2000版）》，将环境会计体系定义为“对经营活动中由于保护环境而支出的成本和由该活动获得的效果进行计量的体系”，该指南同时提供了披露环境会计信息的格式。2000年，日本政府又制定了《引进环境会计系统指南》，企业从此陆续开始公布环境报告书。2001年，环境厅发布《环境报告书准则——环境报告书制作手册》，对环境报告书的格式和内容做了具体规定。[①]2002年环境省颁布了修改后的《环境会计指南》，对报表格式再次进行调整。在此之后，环境省在2005年颁布新版的《环境会计指南》，该指南根据环境保护成本的特征引入新的成本分类，增加了根据环境保护活动的范围对环境成本进行分类的方法；重新修订了环境保护收益概念，使用“释放的温室气体的体积”作为新的分类标准；重新定义了与环境保护活动有关的经济利益，增加了真实收益、估计收益的重要性和计算方法以及环境保护活动经济评价等内容；系统化了环境会计披露格式；重新编制和修订了内部管理表格等。[②]

第四节　加拿大环境会计发展概况

加拿大的环境会计同样较为先进并值得借鉴。该国环境会计的发展在很大程度上得益于比较到位的政府主导的各项环境保护基础工作，以及民众较高的环境保护意识和环境保护参与程度。加拿大作为高度

①赵越．基于产品生命周期理论的环境会计信息披露［D］．青岛：中国海洋大学，2007.

②刘仲文，张琳琳．日本《环境会计指南2005》借鉴与思考［J］．经济与管理研究，2007(12)：78-84.

工业化的国家，对环境资源的消耗程度较高，环境污染本应较为严重，但是恰恰相反的是，加拿大环境优美、空气清新，环境污染程度非常低。这是由于，首先，加拿大的民众具有较强的环境保护意识，能够自觉地从垃圾分类等日常生活的事情上做到积极保护环境，还能进一步影响加拿大各个政党的竞选政策，使得参选上台的政府官员能够重视环境保护和出台严格的环境保护政策。其次，加拿大的政府机构建立了健全的环境保护法律法规，对企业的污染物排放、汽车尾气等排放制定了严格的标准和惩罚的措施。最后，加拿大的法制化水平较高，企业的生产经营活动无时无刻都处于社会公众和新闻媒体的广泛监督之下，一旦出现违法违规的环境污染事件，会及时得到曝光并受到法律的制裁。

在加拿大举国上下重视环境保护氛围的烘托下，该国的环境会计也取得了显著的进步。加拿大特许会计师协会（CACI）承担着本国财务会计报告和审计准则制定的任务。该机构陆续出台了涉及环境审计方面、环境成本和负债方面、环境报告方面的公告，这些公告明确了企业如何针对生产经营活动对环境的影响进行会计处理、环境成本如何进行会计处理、环境支出如何确认成环境负债、环境报告如何设计以满足信息使用者的需求、环境审计等内容。另外，CACI 还借助于期刊出版的形式，向外界公布环境会计领域的研究动态和研究成果，指导和帮助企业编制环境报告与会计师对环境报告的审计工作。在该机构多方面的推动下，环境会计在企业逐渐得以推动和应用。

第五节　韩国环境会计发展概况

韩国经济的发展起步于 20 世纪 60 年代，从 20 世纪 70 年代起，韩国经济迅速增长，一跃跻身于“亚洲四小龙”行列，并发展成为如今的发达国家。韩国之所以能够从落后的农业国快速发展成为工业国，在很大程度上是由于采取了和西方国家相同的“先污染，后治理”的发展模式，是以牺牲环境为代价的。半个世纪以来，在政府和国民的共同努力下，韩国构筑起了坚实的环保法制体系，促使环境状况发生了根本性的转变，环境保护意识也已深入国民的心中。

20 世纪 60 年代，工业发展引发的环境污染问题开始显现，在此背景下韩国制定颁布了《公害防治法》，但是该法律真正实施的效果有限。随后，在工业化和城市化浪潮的冲击下，环境污染问题再次席卷而来，引发了韩国民众强烈的担忧。政府由此修订了《公害防治法》，加大了排污等方面的污染防治力度。1977 年，为了更加有效地处理环境问题，韩国废除了《公害防治法》，制定并公布了《环境保护法》，该法律引入了全新的环境污染监测和评价指标。20 世纪 80 年代，蔚山和斗山等地区爆发了公共环境污染事件，引发了韩国民众的高度关注，韩国的民间环保团体开始对政府环境保护政策的制定施加影响。20 世纪 90 年代，韩国环境保护立法的特征是数量多、涵盖领域广。1990 年，韩国颁布了《环境政策基本法》，该法律明确了环境保护方面国家和公民的权利、责任和义务，规定了基本环境政策，后来经过多次修订后扮演着环境保护法律体系核心的角色。在该法律的指引下，涉及大气、土壤、水质、化学物质和环境影响评价等领域的法律相继制定颁布，由此构筑起了成熟完善的环境保护法律体系。

20 世纪 90 年代，随着环保法律的逐步制定和完善、国民生态环保意识的提高以及企业环境成本对于企业内外部重要性程度的增加，一些社会责任意识比较领先的公司开始研究环境会计，政府也积极从国际上引入先进的环境会计技术和方法以推动本国环境会计的发展。2000 年，环境部从国际上引入了“环境会计体系和环境业绩指标”的项目，该项目能够准确测度企业环境会计的相关指标，为企业环境会计体系的建立起到了导向的作用。2001 年，韩国会计协会出台了“环境成本和负债的会计标准”报告，阐述了韩国环境会计的基本理论与实践发展问题，对韩国环境会计的发展起到了概念框架的作用。①2002年，韩国环境部颁布环境报告指南，引导和规范了企业的环境管理和环境报告工作。

第六节　欧洲环境会计发展概况

欧洲各国的环境保护之路表现出了鲜明的“先污染，后治理”的特征。“二战”以后到20世纪60年代的这段时间，欧洲经济逐渐从缓慢恢复转变为高速增长，但是由于环境保护措施未能及时跟上，结果酿成了多起重大环境污染事件，给民众的正常生活造成了严重冲击，很多民众甚至因此失去了生命。在这一情势下，多国开始转变经济发展思维，从20世纪五六十年代起纷纷开始通过立法的形式来保障生态环境免遭破坏和实现可持续发展。水污染和大气污染防治、濒危动物保护等方面的专项法律不断推出，后期逐步转向了综合性环境立法。比如1974年瑞典颁布的宪法和2005年法国通过的《环境宪章》，都提及了环境保护的事宜并将其升格到了国家利益级别的高度。历经数十年的立法实践，欧洲多国涉及环境保护的法律法规已经几乎覆盖了包括公害防治、废弃物处理、环境影响评价、废旧资源循环利用、臭氧层保护等环境管理的所有领域，形成了完整而严密的环境保护法律体系。比如德国自20世纪70年代开始颁布的环境保护法律法规就达到了惊人的两千余项。

欧洲各国还注重培养公众的生态环保意识。部分国家的环保教育从小学就开始启动，通过专门设置环境保护教育课程，从学生开展节约水电和保护环境的教育；部分国家善于调动社会各界的力量共同参

①苑昕茹．中国环境会计现状及发展研究［D］．长春：吉林大学，2013.

与环境保护工作，一些非官方的社会组织凭借自身的资源，向社会公众灌输先进的环保理念、发布最新的环境保护信息，在与社会公众热络的互动中悄然培育他们的环保意识。比如德国政府就和民间艺术团展开合作，借助于文艺演出的形式宣传环境保护。欧盟委员会在2011年曾经做过一项专门社会调查，高达九成的受访者支持欧盟投入更多资金用于环境保护，八成受访者认为加强环境保护立法是环境保护工作的必要手段。

从欧共体到欧盟，欧洲相较于其他大洲而言在政治、经济和文化等方面的一体化程度较高，但是欧洲各主要国家的环境会计制度存有差异。德国环境会计的特色体现在环境成本核算方面。德国从20世纪80年代开始实施环境成本核算，1996年，德国环境部发布了《环境成本计算手册》，从多个方面对环境成本计算做出了规范。此外，德国研发的其他环境成本核算工具如资源效率会计、物料流量成本会计等，其在全球环境管理领域中具有较大的影响力。2003年，德国颁布《企业环境成本管理指南》，成为德国企业环境成本管理的新的规范。法国的环境会计的对象更多地倾向于自然资源。早在1978年，法国就初步构建起环境会计的技术和方法体系，来测算和统计本国自然资源的存流量信息。其他国家的环境会计发展主要体现在环境会计信息披露方面。英国在1990年颁布了《环境保护法案》，责令有污染的企业必须向外界公布其在环境保护方面的具体做法；英国特许会计师协会从1991年开始设立“环境报告授奖方案”，激励公司披露环境信息。荷兰环境部于1999年发布了“环境成本与收益的确认与计量方法”报告书，对宏观范围的环境成本确认和计量进行了规范。另外，荷兰环境部还颁布政令要求大型企业必须编制环境报告。①

①徐贵丽.国外环境会计研究：综述、特征及对我国的启示[J].财会通讯，2011，10(下)：19-22.

第七节　国外企业环境会计发展的经验总结

上述各个国家和地区的企业环境会计虽然在发展历程和内容上不尽相同，但是这些国家和地区之所以能够较早地建立起相对规范的企业环境会计制度，背后都存在共同的形成和发展脉络。从这些国家的企业环境会计发展状况来看，它们的工业经济在当前均较为发达，几乎都经历过一段较为集中的发展工业经济的历史时期，在这个特定历史时期的工业经济发展过程中均表现出“先污染，后治理”的发展模式，由于低估甚至忽视了工业经济发展对于生态环境的消极作用，造成了严重的环境污染甚至酿成特别重大的环境污染事件，对于社会公众的生存环境和身体健康构成了严重的威胁，损害了公民的环境权益。在这种情况下，一些民间组织和社会公众的生态环境保护意识随即觉醒，并开始通过各种方式影响和促使政府及相关机构制定和推行环境保护的法律。由于企业既是社会财富的主要创造者，也是生态环境问题的主要制造者，因此环境保护的法律更多地指向了企业这一经济主体，要求企业向外界公布生产经营过程对生态环境产生的影响。在这个过程中，企业自身也逐渐意识到环境成本对于企业经营过程和经营绩效的重要意义，纷纷开始重视并探索环境成本的核算方法。在上述诸多生态环境利益相关方的共同作用下，这些国家的企业环境会计制度逐步建立和推行开来，时至今日仍处于不断的改革和完善过程中。因此，这些国家企业环境会计发展的经验可以简单概括为：社会公众生态环境保护意识的提高、政府主导下的生态环境保护法律制度的完善、社会各利益相关群体和个人的广泛参与、较高的企业主动参与程度以及对于企业环境成本核算和环境信息披露的高度重视及优先发展。

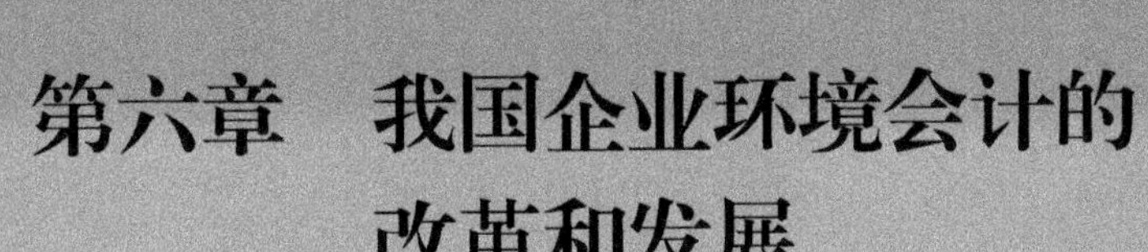

第六章　我国企业环境会计的改革和发展

围绕着生态文明建设，党和国家召开的多次相关重要会议的精神，除了昭示着生态文明建设被提升到了全新的战略高度，也表明生态文明建设的政治理论已渐趋成熟，包括会计学科在内的相关学科应当在生态文明政治理论的指导下及时开展本学科具体的理论研究和实践工作，共同参与和服务到生态文明建设进程中。从会计学科来看，该问题集中体现为企业环境会计的改革和发展问题。只有企业环境会计在改革过程中不断发展和完善，宏观环境会计和整个环境会计体系才能建立和壮大起来，才能更有效地发挥生态文明信息库的强大功能，扮演好生态文明建设“账房先生”的角色。有了前文一般性基础理论和企业环境会计基础理论的铺垫，本章将从理论回到实践、以理论指导实践，梳理我国企业环境会计发展的历史和现状，分析企业环境会计当前发展遇到的阻碍和影响因素，提出推动企业环境会计改革和发展的政策建议，并设计了具体的实施路径。

第一节　我国企业环境会计的发展概况

20世纪八九十年代，伴随着我国经济的恢复和加快发展，生态环境问题随即显现出来，其中“三害”问题较为突出，打破了正常的社会生产生活秩序，威胁着国家的生态安全，国家为此实施了退耕还林工程和西部大开发战略，提出和践行了可持续发展理论。1992年，葛家澍和李若山在《会计研究》杂志上发表文章，阐述了环境会计的渊源、基本理论和实践发展状况，由此将“环境会计”引进国内科学研究视野。同年，郭道扬强调，会计未来一定会在处理“社会发展—生态环境”事务中发挥作用。在此之后，随着市场经济建设的发展和生态环境保护领域改革的推进，环境会计理论研究和环境会计制度建设兴起并逐渐发展起来。

2001 年，中国会计学会环境会计专业委员会成立，该机构的主要任务是总领国内的环境会计理论研究工作，推广国外先进的环境会计发展经验，为推动国内环境会计的改革和发展献计献策，该机构的成立标志着环境会计在国内正式成为独立的学科及研究领域。2003 年，国家环境保护总局颁布了《企业信息公开公告》，阐述了企业环境信息公开的具体要求，包括公开的方式和内容等，由此开启了我国企业环境会计信息公开工作，也开启了我国企业环境会计信息披露制度变革之路。

2004 年，许家林和孟凡利共同出版了国内首部环境会计学科的综合性专著《环境会计》，该书系统阐述了可持续发展战略与环境会计、环境会计的形成和发展、环境会计的基本理论、环境会计的信息披露和环境会计要素的内容，不仅为高校学生及会计从业者了解环境会计理论知识打开了大门，也对后来环境会计领域的研究具有重要的奠基意义。在此之后，李永臣撰写的《企业环境会计研究》、罗素清撰写的《环境会计研究》、宋子义等撰写的《环境会计信息披露研究》、孙恒和王彦卓共同撰写的《企业绿色会计理论与实践应用研究》、王立彦和蒋洪强共同撰写的《环境会计》、卢相君和时军共同撰写的《绿色会计》等著作性研究成果相继问世，基于不同的视角表达了对于环境会计的立场和观点，不断充实、完善和推动着环境会计的理论研究。

2007 年，国家环境保护总局颁布《环境会计信息公开办法（试行）》，进一步修订完善了政府、企业等组织的环境会计信息披露制度，该办法对于推进和规范政府相关单位和企业公开环境信息，维护公民、法人和其他组织获取环境信息的权益，推动社会公众参与环境保护提供了依据。在此之后一系列的相关法规相继出台，有力地推动着企业环境会计的发展。2006 年财政部颁布的《企业会计准则》在一些具体的会计准则如 CAS5[①] 中植入了环境保护的理念。同年，深圳证券交易所发布了《上市公司社会责任指引》，要求上市公司自愿公布社会责任报告，报告中需包含环境污染方面的社会责任信息；上市公司应当依据自身的具体情况制定相应的环保政策和构建必要的环保体系。2008 年上海证券交易所发布了《上市公司环境会计信息披露指引》，规定了上市公司在年度社会责任报告中自愿和强制披露的环境信息的情形和内容。

2010 年 9 月，环保部颁布了《环境会计信息披露指南》，2011 年《企业环境报告书编制导则》开始实施。2014 年，环保部颁布了《企事业单位环境会计信息公开办法》。2015 年，《编制自然资源资产负债表试点方案》印发，为厘清我国自然资源的存流量提供了可行的办法。同年，《关于加强企业环境信用体系建设的指导意见》发布，对该时间点未来 5 年企业环境信息的披露和环保工作提出了指导意见。

2016 年，中国人民银行联合六部委发布了《关于构建绿色金融体系的指导意见》，提出“将企业环境违法违规信息等企业环境信息纳入金融信用信息基础数据库，建立企业环境信息的共享机制，为金融机构的贷款和投资决策提供依据”“逐步建立和完善上市公司和发债企业强制性环境信息披露制度”。

2017 年 6 月，环保部与证监会签署了《关于共同开展上市公司环境会计信息披露工作的合作协议》，旨在共同推动建立和完善上市公司强制性环境会计信息披露制度，督促上市公司切实履行环境保护社会责任。

2017 年 12 月，证监会发布《公开发行证券的公司信息披露内容与格式准则第 2 号——年度报告的内容与格式》和《公开发行证券的公司信息披露内容与格式准则第 3 号——半年度报告的内容与格式》，明确提出分层次的上市公司环境会计信息披露制度，即要求重点排污

①本书统一将《企业会计准则第 5 号——生物资产》简写为“CAS5”。

上市公司强制披露、其他上市公司执行“遵守或解释”原则，同时，鼓励上市公司自愿披露有利于保护生态、防治污染的信息。

2018年4月，证监会副主席方星海表示，目前主要对被国家规定为污染行业的上市公司有强制性的环保信息披露要求，目标是到2020年底对所有上市公司都强制性要求披露环境信息。

第二节　我国企业环境会计的现状及存在的问题

一、缺乏统一标准的企业环境会计规范，企业环境会计准则和概念框架缺失

在很多领域的项目或工程的运行过程中，往往会存在诸多重复性的工作，对于这部分重复性的工作如果能够制定统一的标准或应对方案，可以提升项目和工程的运行效果和运行效率，这就是标准化的基本原理，标准化作为一种先进的现代管理方法，生态文明建设作为一项庞大的系统性工程，需要标准化的理念和方法作为引领和支撑。[①] 为了加快生态文明建设的步伐和提升生态文明建设的效果，我国已经在该工程建设实践中贯彻了标准化的理念和引入了标准化的方法。与标准化密切相关的一个概念是“规范”，规范是标准化的结果，规范的缺失意味着标准的缺失，其结果是特定工程或项目的系统运行缺乏有效约束而达不到预期的效果。

会计规范是在长期的社会实践尤其是生产实践过程中，为实现既定的会计目标，将会计程序和会计方法予以标准化而形成的包括会计法律法规、职业道德、会计准则等在内的制度的总和。会计长期以来的演变和发展过程实际上是标准化和再标准化的过程，每一次标准化

①陈伟．新时代中国推进生态文明建设的战略选择［J］．中国软科学，2019（3）：1-12.

的结果都形成了特定历史区间的会计规范，并对该历史区间的会计行为发挥指导和约束的作用。会计规范的意义在于，会计规范体现了会计的本质特征和客观规律，它是会计人员从事会计行为的标准和总要求，会计人员只能依据会计规范的要求处理会计业务，遵守会计规范是保证会计信息的质量和保护信息使用者合法权益的基础。会计规范通常而言具有以下四个特征：第一，会计规范应当具有普遍性。规范的内容应当为会计界及会计的利益相关群体广泛认可，有利于增强会计规范的公平性和为会计规范的推行铺平道路。第二，会计规范应当具有权威性。会计规范必须由国家或地区的权威性会计主管或监管机构制定颁布推行，并有国家强制力保证实施，会计人员一旦违反会计规范必然依法依规遭受惩处，如此才能形成对会计人员的威慑力，保障会计规范切实有效执行下去。第三，会计规范应当具有稳定性。会计规范一旦制定颁布推行，就应当保证其条款在一定时期和一定范围内不会发生重大的变更，会计规范的变革应当循序渐进。会计规范的作用主要体现在以下三个方面：第一，指示会计行为。会计规范是会计行为的灯塔，它能指引会计人员如何恰当地实施会计行为，指示会计人员就不同的会计事项如何正确处理，或者就同一会计事项在不同的会计政策下如何正确处理和处理结果的差异性以及产生的不同影响。第二，调节经济利益关系。会计具有对内和对外两个方向上的职能和目标，相应的会计处理牵涉着企业内部和企业外部两方面的经济利益关系，会计规范是调节两方面经济利益关系的制度基础，制定科学合理的会计规范有助于正确处理和协调企业内外部的经济利益关系，扫除企业生产经营过程中的障碍，保证企业沿着正确的轨道健康持续发展。第三，评价作用。从会计处理的结果方面看，会计规范作为会计制度的准绳，具有评价作用。如会计信息只有具备了相应的质量特征，才能向外界公布；会计报表只有依据特定的编制基础来编制，才能做到合法合规决策有用不被监管机构处罚。而会计规范中就给定了是非判断的权威标准，是保证会计人员会计操作结果质量的重要依据。

会计规范从内容上来看通常包括法律规范、道德规范和准则规范。总体来看，我国目前已经搭建起了相对完整的会计规范体系。从法律法规体系看，包含了法律（比如《中华人民共和国会计法》）、行政法规（比如《总会计师条例》）和其他规范性文件。道德规范就是会计人员的行为规范，具体包括会计从业人员和注册会计师的职业道德。准则规范方面，目前已经颁布了以企事业单位、政府为主体的会计准则。

我国的环境会计尚处于起步的初级阶段，相应的环境会计规范正处于标准化的进程中。法律法规方面，改革开放以来，我国虽然累计制定实施了多达60余部生态环保法律法规，但是这些已颁布的法律法规中涉及环境会计的内容凤毛麟角。《中华人民共和国会计法》中也没有配套的制度性文件，尚未对环境会计的实施做出统一标准的规定。因此，我国推行环境会计的法治环境尚未形成，暂时无法为环境会计的实施保驾护航。由于会计规范是指导会计全局工作的纲领性文件，具有普遍性、指导性和强制性的特征，环境会计规范的缺失势必造成企业的环境会计工作没有统一的规范可循，降低了企业实施环境会计的标准和约束力，企业环境会计的实施状态必然呈现随意性和低效性。

随着社会经济的发展和生态文明建设进程的推进，会计实践对会计规范不断提出新的要求，我国的企业财务会计准则中没有专门的环境会计具体准则，更没有独立于财务会计准则的环境会计准则。与生态环境相关交易和事项的会计处理没有标准可循，造成企业依据现有会计准则无法真实反映自身的生态环境保护状况和生态环境保护相关的资金运动状况，环境会计信息或者缺失或者披露质量低下，决策有用性也大打折扣，因此将难以满足利益相关者日益增长的对于高质量环境会计信息的需求，也无法为构建宏观环境会计制度和生态文明建设输送高质量的企业环境会计信息。

我国现行的企业会计准则并非完全没有体现环境会计的思想，只是在企业会计准则当中的个别具体准则内容中有所体现，但是数量并不多。比如CAS5中就将林木类生物资产增设了“公益性生物资产”类别，指出其主要目的是防护、环境保护。准则应用指南第3项“固定资产的弃置费用”中提及，弃置费用是“企业承担的环境保护和生态恢复等义务所确定的支出”。企业应当根据或有事项准则的规定将环境污染整治列示为或有事项之一，满足特定的条件后可以确认为预计负债。

企业环境会计准则目前处于缺失状态，并且这种状态预期将会持续较长的时间，企业财务会计准则在这段时期应当担负起一定的替代作用，在适当领域的会计处理上体现新时代生态文明的思想和环境会计的思维，上述CAS5、固定资产会计准则等虽然有所体现，但只是浅尝辄止，还有深入改进完善的空间。比如，生态环境资源是企业存续的最基本条件，是企业生产发展的土壤，企业只有处于良好的生态环境之下才能开始其他的活动。因此，良好的生态环境可以视为企业生产经营活动的一项资本投入或成本费用，应当经过恰当的会计确认和计量纳入企业会计核算的范围，但是目前企业对这部分生态环境作用的会计处理是缺失的，这部分环境作用间接产生的经济收益却列示在了企业的权益类或收益类账户中，不符合配比原则，相应的会计信息是失真的，这样会诱致企业过度消耗周边的生态环境，对自然环境的破坏起到加剧的作用。再者，企业的生态环境交易或事项产生了正的或负的生态价值，企业会计准则中对这部分价值核算也没有体现。企业存在或发生的有利于环境的交易和事项，如采用环保设备节约了资源，治理了企业周边的环境、森林湿地等生态系统发挥了生态效益等，这部分正的生态价值应当以合理的价值确认为企业的资产或收益。最典型的例子是CAS5中对于公益性生物资产的会计处理只是停留在基本的经济业务方面，其区别于其他类别生物资产的服务潜能所带来的生态效益并未确认和进一步核算。企业存在或发生的不利于生态环保的交易和事项，如浪费自然资源、破坏企业周边环境，这部分负的生态价值同样应当以合理的价值确认为企业的负债或费用并进一步核算。随着《中华人民共和国环境保护税法》的实施，企业的交易和事项产生的负的生态价值通过环境税的作用内化为企业的成本费用，在一定程度上解决了负生态价值入账的问题。另外，企业的环境成本和环境收益应当通过适当的方式从实质上融入企业的经营财务成果中，使企业对生态环境资源的使用状况和结果能够真正牵动企业经济利益的神经，如此才能从会计手段上真正发挥对企业环境行为的激励或约束作用。

二、环境会计的学术研究成果数量有待提升，缺乏有价值和有突破性的研究成果

在中国知网上以“环境会计”“绿色会计”“环境成本”“环境审计”为标题，对2013—2018年间发表的中文文献数量进行了统计，统计结果如表6-1所示。2012年11月，党的十八大创造性地将生态文明纳入中国特色社会主义总体布局中，提出了建设美丽中国、实现中华民族永续发展以及走向社会主义生态文明新时代的战略目标和战略要求，也激发了会计学界的研究热情。2013—2016年环境会计的相关研究成果总量呈现出逐年递增的态势，从2013年的489个一直增加到2016年的623个，期刊论文和硕博论文也呈现出同样的态势。但是此后的2017年和2018年，环境会计相关研究成果的总量明显下降，会计学界的环境会计研究热度有所冷却。其他的文献来源中文核心、CSSCI来源期刊、会议文章和报纸文章中环境会计相关研究成果总量没有显示出明确的变化趋势。除此之外，中文核心数量在2013—2018年分别占文献总量的14.9%、14.9%、12.2%、10.0%、11.1%和10.1%；CSSCI来源期刊数量在2013—2018年分别占文献总量的4.5%、4.5%、3.8%、3.4%、3.9%和3.3%。可以看出，一部分学者注意到了环境会计发展对于生态文明建设的重要意义并围绕着该命题从不同方面做出了钻研探索，也

取得了许多有价值的研究成果。这些研究成果从总量上而言是可观的，但是未能随着我国生态文明建设进程的推进表现出迸发性的研究热潮。从研究成果的质量上来看，核心期刊和 CSSCI 来源期刊占文献总量的比值较低，说明所有的研究成果中相对有价值的研究成果只占很小一部分，在总体研究成果数量不是特别丰厚的状况下，相对有价值的研究成果更少。

表 6-1　2013—2018 年环境会计相关中文文献数量

文献来源	2013 年	2014 年	2015 年	2016 年	2017 年	2018 年
文献总量	489	552	574	623	488	487
期刊论文	402	425	444	494	357	368
中文核心	73	82	70	62	54	49
CSSCI	22	25	22	21	19	16
硕博论文	58	80	104	117	125	109
会议论文	12	23	8	7	3	3
报纸文章	21	36	27	4	7	10

从研究成果的内容来看，现有环境会计研究主要体现在环境会计基础理论、环境会计成本核算、环境会计发展、环境会计信息披露、环境审计等方面。这些研究成果对于推动我国环境会计的发展贡献了一定的实践价值，但是这些研究成果中也存在着明显的缺陷。

第一，这些研究成果中的重复性研究比较多，很多文献的研究内容和研究结论高度相似，在研究方法或研究结论上有突破性和特别有价值的文献数量少之又少。

第二，很多文献的研究内容是侧重于对我国环境会计过去和现状的反映，但是对于形成现状和问题的原因以及相应的对策建议则是轻描淡写，提不出有实质意义的我国环境会计未来发展的方案。

第三，很多的文献研究内容理论性较深，对于环境会计实务发展的指导意义较低，少数文献的研究内容则脱离了我国环境会计实务的真实发展状况，研究成果成了“空中楼阁”，不具备一定的现实推广应用价值。

第四，环境会计的研究目前尚处于“各自为战”的状态，杰出的环境会计研究领路人尚未显现，环境会计在很多方面的研究成果已经非常丰富，但是长期以来一直未形成公认一致的、权威的研究结论，整体层面的环境会计的概念框架、环境会计基础理论等也未形成一致的观点。这些学术研究现存的缺陷在一定程度上影响着环境会计实务的发展。

尽管如此，这些文献中还是不乏有价值的研究成果。耿建新和唐洁珑于2016年在《审计研究》期刊上发表了《负债、环境负债与自然资源资产负债》一文。该文章在对负债、环境负债和自然资源负债的由来、相关定义及三者关系分析的基础上，提出了“将自然资源资产负债表正名为自然资源资产平衡表”，并在国家资产负债表和自然资源资产负债表的编制和运用方面提出了初步设想。袁广达于2014年在《会计研究》期刊上发表了《我国工业行业生态环境成本标准补偿设计——基于环境损害成本的计量方法与会计处理》一文，该文章从传统会计收益及其计算方法的改进入手，结合我国七大重污染行业的生态环境数据，分析考察了生态环境污染等级指数，提出了对我国工业行业的生态环境损害成本进行补偿的理论框架，阐述了生态污染的补偿标准和相关会计处理方法。周守华和陶春华于2012年在《会计研究》期刊发表了《环境会计：理论综述与启示》一文。该文章对近几年环境会计理论的主要文献进行了梳理，从可持续性、外部性、信息披露、成本管理和行为科学这五个视角，按照文献的发展脉络和逻辑关系对国际学术界在环境会计理论方面的研究新进展进行了评述。该文章讨论了这五个研究视角之间的内在联系，探讨了有关理论的发展方向，

并分析了目前环境会计理论研究在方法和内容上的最新趋势，并结合我国目前环境会计理论的研究情况，提出未来进一步研究的方向。该文章对完善我国环境会计理论提供了重要的借鉴和启示。杨世忠和曹梅梅于 2010 年在《会计研究》期刊发表了《宏观环境会计核算体系框架构想》一文。该文章论述了我国建立宏观环境会计的必要性，在分析宏观环境会计核算相关问题的基础上，从宏观管理角度提出了宏观环境会计核算体系的构想，即建立一个能反映国家或地方资源环境状况、反映剔除了资源环境因素的经济发展状况、有助于实现社会经济可持续发展的宏观环境会计框架。另外，辽宁科技大学的张本越也对环境会计做出了大量的研究，研究内容包括欧美国家的环境会计发展制度对我国的启示、企业环境会计信息披露和企业环境会计核算体系构建等。王建明、姚圣、张劲松和张英在各自的博士学位论文中分别探索和阐述了环境会计信息披露管制、环境会计控制、环境会计报告和环境会计体系构建方面的环境会计问题，都是优秀的环境会计研究成果。

三、环境会计信息披露质量低下

环境会计信息披露是外部利益相关者获取企业环境会计信息的窗口，是企业环境会计体系中的关键环节。环境会计信息相比于财务会计信息而言信息不对称问题更加严重，由于环境会计准则的缺失，我国企业目前并未向外界发布独立的、统一形式的环境会计报告。为了使利益相关者更加清楚地了解企业真实的环境情况，更有效地便于社会各界的监督，推动企业更好地履行环境责任，我国政府相关部门、证券交易所等先后出台了一系列的环境会计信息披露的政策规范。在这些政策规范的推动下，通过相关部门的有效监督和积极引导，企业的环境会计信息披露工作还是取得了一定进展，披露环境会计信息的企业数量显著增加，披露内容日益丰富，披露的主动性大大提高，参与生态文明建设的意识和责任感进一步增强，环境会计信息披露质量稳步迈上新台阶。

以近两年的环境会计信息披露情况来看，根据中国环境新闻工作者协会与北京化工大学联合发布的《中国上市公司环境责任信息披露评价报告（2017）》显示，以2017年沪深两市857家上市公司为研究对象（这些公司发布了环境责任报告、社会责任报告及可持续发展报告等），相比2016年增加了47家，占上市公司总量的24.59%；披露总体平均分为33.57，整体略有提升，达到二星级水平，具体评级状况分布如表6–2所示。2018年依据相同标准获取了有效样本928家，增加了71家，但是仅占上市公司总量的25.38%，平均分值为33.14分。

表6–2　环境会计信息披露评级状况

星级	★★★★★	★★★★☆	★★★★	★★★☆	★★★	★★	★
企业数量	0	8	20	41	62	292	434

具体来看，我国企业环境会计信息披露存在如下几个问题。

第一，企业披露环境会计信息的主动性不强，披露数量占比仍然较低。从环境会计信息披露的意愿上看，制度层面上，目前我国上市公司的环境会计信息披露是强制性和自愿性并存的。上海证券交易所发布的《上市公司环境会计信息披露指引》中规定了上市公司自愿性披露和强制性披露的具体情形，在制度规范允许的范围内，上市公司管理当局的生态环保意识和社会责任履行的意识淡薄、上市公司出于维护自身形象的需要或者上市公司信息披露监督力量薄弱等因素，均可能造成上市公司选择不披露本公司的环境会计信息，或者有选择性地披露部分不重要没有利害关系的环境会计信息，环境会计信息披露的意愿较低。环境会计信息披露的主动性不强，直接导致了自愿性披露环境会计信息的企业数量较低，在所有企业中所占的比例较低。

第二，企业环境会计信息披露质量低下，披露的环境会计信息决策有用性较低。根据复旦大学环境经济研究中心和企业环境信息披露指数研究小组联合发布的《企业环境信息披露指数 2017》显示，2016 年企业环境信息披露指数得分为 41.52 分，分别比 2015 年和 2014 年提高了 4.66% 和 14.25%，这说明在内外各种因素的作用下，上市公司的环境信息透明度有所改善。但是总体来看，样本企业对环境信息的披露仍有待完善，其中很多重要的指标披露情况不容乐观。一是披露的环境政策主观性较强，大多为主观概括性语言，对于客观体现企业环保状况的帮助不大；二是在一些较为具体详细的方面，比如建设项目环境影响评价、环境保护荣誉、环境认证、对合作企业的环保要求、碳减排目标等项目、资源直接和间接消耗情况等，统计资料都呈现出了较大幅度的下降趋势；三是在其他披露项目中，得分相对平均，但从整体趋势来观察，高分项仍少于低分项，量化的描述少于定性的描述。因此，企业的环境信息披露仍存在着过于空洞、文字描述过多而缺少真实内容的问题，让公众无法迅速捕捉有效信息，也给投资者理性决策造成了困扰。

当前我国企业环境会计信息披露质量的低下体现在多个方面。环境会计信息披露的内容在很大程度上属于表面文章，或者是迫于相关制度和政府监管的强制性压力而被迫披露，信息披露的内容数量上是不充分的，“报喜不报忧”和“避重就轻”现象大量存在。披露内容的精确度上较为模糊，以定性的说明性语句居多，缺乏定量的精确性数据的支撑；在信息披露的形式上较为混乱，单独的环境报告特别少，以董事会报告、社会责任报告、可持续发展报告、环境社会及管制报告形式居多，也有企业将环境会计信息披露依附于年度或半年度的财务报告中发布。披露形式、内容的不一致和随机性，造成了企业与企业之间的环境会计信息无法进行横向比较，企业自身的环境会计信息也很难进行纵向比较，使其在很大程度上失去了会计信息的可比性和可靠性，无论是对于企业自身还是外部利益相关者，环境会计信息的决策有用性都大大降低了。

第三节 我国企业环境会计改革和发展的方案

环境会计的交叉学科属性，决定了制定企业环境会计改革和发展的政策建议需要综合考虑会计学和环境经济学两种学科相关的多种因素，充分结合生态文明建设的时代背景，并借鉴国外企业环境会计发展的先进经验。在此基础上，本书构建了一个多元层次、立体化、全面性的企业环境会计改革和发展政策建议。这些政策建议总体上包括了会计学科和其他学科两个方面。

一、会计学科方面的政策建议

（一）转变企业发展思维，树立环境会计理念

思想是行动的先导，认识是行动的动力。解决好思想认识问题，就是解决好方向和动力问题，就是解决最根本性的问题，没有正确思想的企业很难有正确的行动方向。推动企业环境会计发展，首先必须要从思想的革新做起。现行企业财务会计系统无法满足企业生态环境管理的需要，也无法为企业生态环境的利益相关方提供高质量的环境会计信息，对于我国的生态文明建设构成了微观层面的制度性障碍。因此，企业管理当局应当转变发展思维，树立环境会计的理论。

工业革命以来，科学技术飞速发展，生产力的解放和大幅度提升，创造出了丰厚的物质财富，缔造出了昌盛的工业文明时代，引发了人类社会对物质经济利益源源不绝的追逐。同时，工业文明的理论和实践将人性的多面性和复杂性单纯地抽象为“理性经济人”，人性中自私和追求物质利益的一面在工业文明的价值体系和制度框架下得到无限放大和发展，“拜金主义”“经济人”“经济利益最大化”成为当

时经济社会盛行的发展思维。企业作为社会经济的基本单元，以盈利作为经营目的本无可厚非，但是在经济社会大的发展浪潮冲击下，企业自身经营发展的思维也被深深地打上了物质经济利益至上的烙印。“企业价值最大化”“股东财富最大化”“物质资本保值增值”等成为企业在经营目标上的追求。但是，高度物质化的工业文明毕竟是以征服自然和经济增长为标志符号，它在给全世界持续带来物质财富的同时，也过度牺牲了生态环境资源，激化了人类与自然之间的矛盾，导致自然以非自然的严重病态形式呈现出来，酿成了一系列环境问题，减损了人类自身的福祉。

随着人类社会由工业文明逐步过渡到生态文明，经济利益至上的发展思维已经无法满足企业可持续生产发展的新要求，企业应当适时革新发展思维，处理好自身生产发展与生态环境的关系，提高社会责任意识，推动实现企业自身生产经营与自然相和谐的绿色发展。推动企业的环境会计发展，应当在转变企业整体发展思维的基础上树立环境会计理念。会计理念是影响和引领较长时期内会计工作全局的中心思想，是会计意识对会计实践的反映，也是企业会计的灵魂。工业文明时代经济利益至上发展思维引领下的以经济利益核算为导向的旧会计理念，应当转变为体现绿色发展和生态文明的新会计理念，即以物质经济利益的会计处理为核心，重视生态环境交易和事项及其对生态环境造成的后果并予以恰当的会计处理，在适当的时机实现财务会计与环境会计的协调和有机融合，使企业生产发展过程中产生的生态环境收益、耗费的生态环境成本等能够真正牵动企业经济利益的神经，融入企业整体的财务经营成果中，共同服务于企业盈利的根本目标。该理念既突出了生态文明建设对企业会计提出的新要求，又充分考虑到了企业的盈利性这一根本特征，是引领新时代企业环境会计改革和发展的可选择的会计理念。

（二）积极探索制定企业环境会计制度规范，加快推进企业环境会计的标准化工作

标准化作为管理科学化的常用方法，在推进经济社会发展和国家治理现代化中发挥着不可替代的作用。为深入贯彻推进生态文明建设的总体部署，坚决打好污染防治攻坚战，建立和完善生态文明建设标准体系，国家标准委组织编制了《生态文明建设标准体系发展行动指南（2018—2020年）》，全面推行标准化战略，实现在国家层面上的第一次生态文明和标准化深度融合，充分服务于绿色发展。

具体到生态文明建设的企业环境会计领域，推进企业环境会计的标准化是完善企业内部环境管理、增强会计服务于生态文明建设功能的有效手段。政府部门应当根据生态文明建设的实际情况，遵照国家相关法律、法规、路线和政策的要求，创新、制定和完善企业环境会计法律法规，推动制定企业环境会计准则，将企业环境会计核算和监督列入会计法，以法律法规的形式确定企业环境会计的地位和作用。

其中，构建企业环境会计准则是推动完善企业环境会计制度规范的重要方面，在当前企业环境会计准则完全缺失的情况下，制定企业环境会计准则的概念框架尤为必要。概念框架是对企业环境会计全局做出的基础性说明，是制定企业环境会计准则的基础。葛家澍教授认为，概念框架具有五项作用：一是为每一个具体准则指引方向并规定应达到的目标和会计原则；二是确定财务、会计信息的使用者和他们对财务信息的要求，指出现行财务报告存在的局限性；三是评估现有的会计准则，不断予以改进；四是发展新的会计准则；五是在缺乏会计准则的条件下，用来解决新的、复杂的会计问题的处理和报告。[①] 我国目前虽未出台专门的企业会计概念框架，但是财务会计概念框架的实质

①葛家澍．论美国的概念框架与我国基本会计准则［J］．厦门大学学报（哲学社会科学版），2006（4）：5-11.

内容包含在了企业会计准则中，环境会计的概念框架正处于理论探索阶段。概念框架是一个层次分明的理论体系，内容涵盖了会计目标、会计信息质量、会计假设等初始性的制度安排。现有研究成果中对企业环境概念框架整体性的研究相对较少，但是部分学者已经就概念框架的某些具体内容做出了理论探索。比如在现有会计目标“受托责任观”“决策有用观”基础上增设“生态文明观”；将企业拥有、控制或使用的生态环境资源和服务纳入环境会计核算的范围；借鉴财务会计的会计要素及科目设置，完善企业环境会计核算体系；环境会计计量属性需要同时包含货币计量属性和物理计量属性；会计报告方面，学者们指出了当前企业环境会计信息披露的缺陷以及如何改善环境会计报告的形式和内容等。现有研究在环境会计概念框架的很多方面取得了较为一致的结论，但是总体上的概念框架并未形成统一的观点，仍需要进一步探索。

（三）完善环境会计信息披露制度，提升环境会计信息披露质量

目前，企业环境会计信息披露总体而言数量上不充分、质量不高，在制度层面，虽然相关部门机构持续出台披露的规范要求，但是至今尚未形成统一完整成熟的企业环境会计信息披露标准。由于当前企业环境会计准则的缺失，企业环境会计的核算模块和监督模块是依附于企业财务会计准则而运行的，涉及的业务形式和业务内容较少；环境会计信息披露模块则独立性相对较强，它与企业财务会计准则的关联度较小，直接受政府部门和金融监管机构发布的规范要求约束，截至目前也经历了长时间的建设和完善的过程，虽然问题重重有待完善，但是相对于企业环境会计的其他模块来说推广应用的程度是比较大的。因此，推动企业环境会计改革和发展，从会计体系组成模块上来说，目前应当积极完善环境会计信息披露制度，提升环境会计信息披露质

量，以作为需求侧的环境会计信息披露的不断完善来驱动作为供给侧的企业环境会计核算等模块的发展。优先打造精良的环境信息披露制度，也是环境会计较为发达国家的经验之一。

现有研究表明，外部管制压力和企业内部特征是影响企业环境会计信息披露的两个方面。外部管制压力方面，企业环境会计信息披露的外部动因主要来自合法性压力，包括环境监管规定的颁布、环境事故的发生与新闻媒体的跟进报道；环境信息披露制度的完善，能够促进企业环境信息披露水平的提高；重大环境事件的发生，将显著改善同类企业的环境信息自愿性披露质量[①]；舆论监督与地方政府对企业环境信息公开监管力度的加大，能够提高企业环境信息披露水平。企业内部特征因素主要包括公司所处的行业类型、公司规模、公司治理、财务状况等。其中，企业所属行业类型与公司规模是影响企业环境信息披露的重要因素，公司所有权性质、董事会特征、监事会特征、高管特征对企业环境信息披露均有重要影响。因此，改善信息披露质量的措施，理论上应当从政府管制和企业内部特征两个方面入手。

从政府角度看，企业相关的生态环境问题在很大程度上是由于外部性造成的，并进一步造成了市场失灵，这种情况下单纯依靠市场这只“看不见的手”是无法解决的，只有依靠政府的介入和干预，才是消除外部性、解决市场失灵问题和实现资源优化配置的有效途径。无论是“庇古税”理论还是科斯的产权经济学原理，都强调政府干预的作用。政府实施干预的具体方式，无论是采用制定法律法规的直接规制方式，还是采用征税、补贴等间接性的经济手段，都会直接对企业形成巨大的压力。这种压力是企业客户、供应商以及社会公众等主要利益相关群体综合施压的结果。另外，政府也可以通过合理引导公众与媒体的监督对企业形成间接性的压力，这对于提升企业环境信息披

①肖华，张国清．公共压力与公司环境信息披露——基于“松花江事件”的经验研究［J］．会计研究，2008（5）：15-22+95.

露质量具有辅助性作用。现有研究成果支持了该观点。比如，弗罗斯特（2007）、王建明（2008）、毕茜等（2012）和沈洪涛（2012）的研究结论均证明了外部环境监管制度压力对环境会计信息披露有显著的正向影响。郑春美和向淳（2013）研究发现，媒体关注度对上市公司环境会计信息披露有显著影响，加大社会媒体监督力度能有效促进相关公司进行环境会计信息披露。潘安娥和郭秋实（2018）研究发现，政府监管强度对企业环境会计信息披露水平及环境信息披露硬披露水平有显著的正向影响。

政府部门和监管机构等应当进一步完善环境会计信息披露制度规范，激励、约束和引导企业依据制度规范的要求主动落实环境会计信息披露的责任。具体而言，政府部门和监管机构等应当依据生态文明建设进程对企业环境会计信息的需求，并针对当前企业环境会计信息披露存在的弊端，科学制定更加详细的环境会计信息披露的制度规范，比如扩大强制性披露的范围、逐步建立和完善上市公司和发债企业强制性环境会计信息披露制度；分行业制定不同环境会计信息披露标准内容，对属于环境保护部门公布的重点排污单位的上市公司，应当及时出台并监督其有效执行对污染物达标排放情况、环保设施采购和使用情况以及严重环境污染事件等方面信息披露的要求；增加披露环境财务方面以及量化性的内容，强制企业披露生态环境方面的负面信息等。同时，建立企业环境会计信息披露的评价、审计等标准，公平评价其披露质量，提高环境会计信息披露的质量和公信力。政府还应当充分利用行政强制力来保证环境会计信息披露制度规范的实施，加大对企业环境会计信息披露执行情况的监督执法力度和对伪造环境信息企业的惩罚力度，适当提高企业环境会计信息披露的违法违规成本，对于违反环境会计信息披露制度规范的企业要加大处罚力度，使企业违法违规付出的经济代价能够真正影响到企业的经济利益或潜在的财务风险。同时应注重激励与惩罚并举，政府应当会同金融监管机构设立环境会计信息披露的奖项，并发动社会公众参与奖项评选，依据评选结果对获奖的企业予以不同程度的奖励，以此激励企业主动履行环境社会责任和改善环境会计信息披露，并提高社会公众主动参与监督企业履行环境责任的积极性。最后，政府应当实施企业环境会计信息披露的市场化改革，努力推动更多的市场主体参与到监督行列，积极培育第三方专业机构为上市公司和发债企业提供环境会计信息披露服务，鼓励第三方专业机构参与采集、研究和发布企业环境信息与分析报告，并且通过第三方机构对企业环境会计信息披露进行鉴证与审核，使信息披露更加规范化和透明化。

企业自身应当积极完善公司治理机制，降低管理者的代理成本。公司治理与环境会计信息披露关系密切。委托代理理论认为，降低代理问题的一种可行方案是要求投资者与管理层订立契约，管理层应当报告履约情况相关的信息，从而使投资者能够评估管理层是否合理运营了所投入的资源、是否为投资者的利益服务，进而实现监管作用。信息披露是缓和企业内部与外部投资者之间信息不对称、降低代理成本的治理机制，没有规范化的信息披露制度，投资者就很难获取被投资企业高质量的会计信息。正是这种信息不对称引致了道德风险和逆向选择问题。信息披露和公司治理并非单向的映射关系，二者实则是相互制约互为因果，信息披露质量低下在很大程度上是由于公司治理的不健全造成的。希利和帕利皮尤（2001）认为，企业自愿进行信息披露的动机之一是避免股东与企业管理层之间因代理问题而产生的逆向选择与道德风险。西蒙等（2001）、巴拉科等（2006）、罗炜和朱春艳（2010）、杨熠等（2011）、张兴亮等（2011）、雷振华（2014）、李虹和原潇倩（2019）等的研究，或者从信息披露影响公司治理的研究路线，或者从公司治理影响信息披露的路线，均证实了以代理成本为核心的公司治理与信息披露之间显著相关关系的存在。

股权结构是整个公司治理制度安排中的产权基础，股权结构首先形成了股东结构和股东大会的权利结构，然后决定了企业内部监控机制的构成和运作，并以此影响着公司治理机制的效率。因此，企业应当把优化股权结构作为完善公司治理的首要目标，切实强化股东大会的制度和权利，使企业的所有者真正发挥监督管理层的作用。在此基础上，完善董事会的组成制度和议事程序；强化监事会的职能安排和执行，切实扮演好监督者角色；完善企业外部治理机制，充分发挥市场机制对公司治理结构的监督和调节功能。

（四）加大企业环境会计科研攻关力度，提升会计从业人员的环境业务素质

人民是历史的创造者，人民在历史的创造过程中创造了物质财富和精神财富，是社会的变革和进步的助推器。总览改革开放以来取得的成就，无论是认识和实践上的突破和深化，还是新生事物的产生和发展，抑或是某个领域的经验累积和创新，人民都在其中贡献了无比的能量。因此，越是面对改革发展稳定的繁重任务，越要善于总结人民在实践中创造的新鲜经验来完善政策主张，越艰巨的改革越需要改革者的担当、勇气和发挥空间。

不管是会计理论工作者还是实务工作者，都应当充分发挥自身的专业优势，敢于攻坚克难，积极投入企业环境会计的改革和发展研究探索过程中，创新企业环境会计的理论和方法。鉴于目前企业环境会计的研究成果总体数量并不十分丰富、特别有价值和有突破性的研究成果较为稀缺，也尚未形成统一的企业环境会计理论和概念框架，因此建议有关部门充分调动高校、科研院所和企业等各方的积极性，形成企业环境会计相关行业和领域密切合作、协力奋进的科研攻关机制。随着我国互联网科技和平台经济的迅速发展，应充分发挥互联网科技公司和平台企业的资金投入、新技术研发等优势，推进大数据、云计算、人工智能等新技术深入应用。由于企业环境会计的发展高度依赖于生

态、法制和经济技术等其他方面条件的发展状况，研究的内容应当依据生态文明建设的进程，依据法律、社会经济技术条件的发展状况，充分借鉴国外先进的企业环境会计发展经验做法，循序渐进有步骤地推进，并侧重性地开展企业环境会计基础理论和概念框架的研究工作。另外，政府部门应当致力于企业环境会计人才的培养工作，借助于企业环境会计培训机构和组织等形式，使企业的管理者和会计从业人员接受企业环境会计理论与方法的教育，提升他们的环境会计业务素质，为企业环境会计的发展集思广益献计献策，更好地服务于企业环境会计的改革和发展实践。

（五）将生态文明思想纳入高校人才培养过程，会计专业引入环境会计教学

当前，生态文明被提高到了前所未有的战略高度，生态文明建设作为巨大的系统工程，需要全社会的共同参与和努力。高等学校作为以人才培养、科学研究和社会服务为目的的组织，在改革开放和现代化建设过程中担负着重要的职责，在生态文明建设中理应有所作为、有所担当。绿色大学建设是一流大学建设的重要内容，更是高校在生态文明建设中应该有的责任担当。高校应当将生态文明思想贯穿于人才培养全过程。一方面要从最基本的课堂教学做起，将生态文明教育依据与不同学科的联系编写入教学大纲，把生态文明教育融汇到教材体系中，从根本上保证教育的实施。另一方面要加强教师培训，充分发挥教师在生态文明教育中的主导作用，改革教学内容和教学方法，全面拓宽学生的知识视野，提高学生的综合素质。与企业环境会计发展最为密切相关的会计专业应当依据上述教育方针和要求，优化高校会计学专业课程设置和人才培养方案，将生态文明教育以适当的方式融入教学大纲的同时，也需要将环境会计教学纳入专业教学大纲，选聘和配备有环境会计专长的教师担任环境会计课程的教学和科研工作，

不断提升高校大学生的生态文明素质和环境会计专业素质，为大学生未来投身生态文明建设做好充分的知识和能力储备。

二、其他方面的建议

（一）增强社会公众生态文明素质，扩大环境会计信息的需求

会计信息系统论是关于会计本质的重要观点，会计信息归根结底是为信息使用者的决策需要服务的。信息使用者对企业环境会计信息的需求，驱动着企业环境会计信息的供给。随着社会经济的纵深化发展，生态文明建设的必要性程度日渐上升，地位和作用愈加凸显。在生态文明被提升到全新高度的今天，环境会计信息的使用者已经不再是像财务会计信息的使用者一样单纯局限于投资者、债权人等经济领域的利益相关者，而是包含了依据信息制定生态环保政策的政府部门、资本市场监管机构以及关注美好生活的社会公众等。社会公众的生态文明素质是生态文明建设的重要社会基础，要全方位培育社会公众的生态文明道德、意识和生态文化素养，广泛开展生态文明教育，普及绿色消费的理念，让社会公众知悉并遵守和履行生态权利和义务，自觉懂法守法，以积极的姿态为生态文明建设输出正能量，这一点也是国外企业环境会计发展的经验之一。

马克思说，“文明如果是自发地发展，而不是自觉地发展，则留给自己的是荒漠。”生态文明要从“自发地发展”走向“自觉地发展”。各级政府部门作为生态文明物质建设的主导者、生态文明理念的倡导者、生态文明制度的制定者和执行者，首先需要从自身方面构建生态型、绿色化的政府，要切实保障人民群众的基本环境权益，建立健全环境公益诉讼机制；加大对社会环保机构和组织的扶持力度，促进社会环保机构组织参与环境保护，并充分发挥社会环保组织在参与生态

环境政策法规和标准制定中的专业咨询作用[①]；同时还应当建立健全生态文明建设社会动员参与机制，通过发布生态文明行为规范或借助各种媒体平台广泛宣传社会主义生态文明观，增强社会公众对生态文明建设的认知度、认同度和参与度，不断提升社会公众的生态文明素质。宣传内容既应当包括对工业文明观下不符合生态文明要求的旧发展理念的纠正，也应当包括新时代生态文明建设的新理论；还应当广开渠道，动员社会公众以不同方式广泛参与到生态文明建设中，营造出良好社会风气，使生态文明思想深入人心。企业作为污染物排放的重要主体，社会公众在政府部门和新闻媒体的引导下，也会更加关注企业的生态环境状况，会要求企业“吐出”更高质量的环境会计信息。从而增强社会公众的生态文明素质，驱动作为供给侧的企业会计信息系统输出更加符合社会期望、更加具有决策价值的高质量环境会计信息。

（二）完善基于市场机制的生态环境保护制度，为企业环境会计发展创设良好的制度条件

会计核算是会计最基本的职能，只有对特定主体经济活动的过程和结果完成确认、计量、记录和报告的核算工作，会计才能进一步履行监督控制等其他职能。“我们历来认为核算和监督是会计的两大基本职能，离开了核算就无所谓会计，监督也无从谈起，它是整个会计工作的基础。”会计核算的对象是经济主体的经济活动，经济活动的形式和规则则要依赖于制度的规定，相关制度的缜密程度决定着会计核算规则的完善程度。我国企业环境会计处于起步阶段的低水平，象征最基本核算规则的企业环境会计准则的缺失，很大程度上是由于企业生态环境保护制度的不缜密造成的。没有相关经济制度的支撑，也就没有了经济业务，会计没有核算和监督的对象，成了“无米之炊”。

①马生军，刘云喜．生态法治建设需优化群众参与机制［J］．人民论坛，2019（14）：92-93.

因此，加快制度创新，增加制度供给，完善制度配套，强化制度执行，是企业环境会计制度制定和完善的“源头活水”，是推动企业环境会计改革和发展的重要保证。

当前，与企业个体相关的生态产权界定不明晰、企业生态投入机制不健全、生态补偿不足以及相关的税收、监管政策不利等，造成了企业生态环境的价值循环和资金循环缺乏完整性和活力，对于企业环境会计核算体系的建立构成了现实障碍。党的十八届三中全会审议通过的有关决定中强调了市场在资源配置中的决定性作用，并且在加快生态文明制度建设章节中明确提出要实行资源有偿使用制度和生态补偿制度。与政府行政命令相比，基于市场机制的政策是一种“内生激励”型政策，具有有效促进环保技术创新、增强市场竞争力、降低环境治理成本与行政监督成本的优点。因此，政府部门应当充分发挥市场机制的作用，积极推进和完善基于市场机制的生态环境保护政策，发挥基于市场机制政策的内生激励作用，通过建立常态化投入机制、创新生态补偿机制、发展绿色金融、健全相关财税政策等途径撬动更多的社会资本进入生态环境保护领域，增强生态市场的经济活力，推进生态环境保护领域的市场化进程。

市场经济存在固有的局限性，基于市场机制并非完全依靠市场机制，市场经济无法解决的问题需要政府积极的干预来弥补市场固有缺陷造成的市场失灵问题。政府部门应当从生态系统的可持续性、生态权益属性和收益权分配等角度厘清政府与市场的边界，在生态文明外部环境和生态文明建设管理体制方面进一步完善法规制度进行保障。另外，优良的生态环境属于人类社会的公共物品，生态环境的公共物品属性，决定了市场机制在生态文明建设中的有限性，因此必须发挥政府的主导作用，去实现生态环境资源的优化配置。2016 年 12 月全国人大审议通过的《中华人民共和国环境保护税法》就是通过政府干预实现资源优化配置的例子。该法律是对在我国领域以及管辖的其他海域直接向环境排放应税污染物的企事业单位和其他生产经营者征收的一种税，其立法的目的是保护和改善环境，减少污染物排放，推进生态文明建设。该法律的实施，将有利于解决排污费制度存在的执法刚性不足问题，提高纳税人的环保意识，强化企业治污减排责任。该法律的实施也为企业增添了生态环境缴税方面的新业务形式和内容，为企业环境会计制度的制定提供了宝贵的原始材料。

（三）完善生态价值评估技术，确保生态价值准确入账

企业环境会计改革和发展中面临的技术问题集中体现为会计计量的问题，这是由于只有量化的信息才是会计的“通用语言”。之于企业环境会计，就是以货币为量化单位的环境信息。可靠性是重要的会计信息质量特征，无论是资产项目、负债项目还是收益项目，如果不能可靠地计量，也将不能完成完整的会计核算流程。将生态环境资源和生态服务价值纳入会计核算范围是企业环境会计发展的趋势之一，对生态价值予以可靠的计量，是生态价值纳入会计核算范围的重要基础，对制定可持续发展指标体系、实施生态利益补偿、制定合理的生态环境资源价格也有重要的作用。由于生态价值评估本身已经超出了普通会计从业人员的职业能力范围，因此需要专业评估机构和专业的评估人员依据特定的标准和程序，运用科学的方法和技术手段来完成。生态价值评估技术兴起于20世纪90年代，发展至今，无论是在全球、区域、流域还是单个生态系统，生态价值评估均已取得了重大进展，市场化评估法、显示偏好评估法、状态偏好评估法以及效益转移法等具体评估方法的研究和应用也取得了明显进步。但是，我国的生态价值评估起步较晚，尚存在诸多无法攻克的难题，尤其是对单个企业的相关生态价值评估仍然无法实现。因此，政府部门应当重视生态价值评估在生态文明建设中的作用，将生态价值评估予以制度化和规范化，同时积极鼓励该领域的科学技术创新，推动和完善生态价值评估技术，

并增强评估技术研发的针对性，建立科学的评估体系，为生态价值会计计量问题的解决铺平道路。

第四节　我国企业环境会计改革和发展的路径

环境会计不同于财务会计，它根植于一定的政治、经济、技术和文化背景之下，具有特殊性，它的推行必须立足于我国的基本国情，充分结合生态文明建设的进程、政府的生态环境保护政策、社会经济技术发展状况和社会公众的生态文明意识等因素。企业环境会计的改革和发展是一个循序渐进的系统性工程，应当遵循从理念到行动、从认识到实践，分步骤、分阶段的原则，路径的设计需要找到合适的切入点与突破口，遵循从试点示范到总结推广的基本过程。依据该路径设计的原则和前述推动企业环境会计改革和发展的具体措施，并充分借鉴国外企业环境会计发展的先进经验，企业环境会计改革和发展的现实路径应当是以绿色发展理念和环境会计理念的转变为前提、以社会公众生态文明素质的提高为社会基础、以政府制定的生态环境保护制度的完善为保障、以扩大企业环境会计信息利益相关方的需求为驱动、以生态价值评估技术和生态产权界定工作的实质性进展为突破口、以推动完善环境成本核算和环境会计信息披露为先导，主要依靠会计理论和实务工作者的创新和攻坚克难的努力，分阶段、有步骤地推进，取得阶段性成果以后应当及时进行试点示范工作，评价效果并总结推广，并考虑建立长效机制。同时，需要全程做好监督工作，审计机关依法对相关企业与生态环境有关的财政财务收支及其相关管理活动的真实性、合法性和效益性进行审计监督，并积极培育民间审计机构对企业实施专业化的环境鉴证业务，以使相关的各项具体工作真正落到实处。

第七章　林业企业会计核算的改革和发展

围绕着生态文明建设的命题，大量的讨论和研究都集中于对生态环境破坏的预防、治理和修复上，将已经削减掉的生态价值通过市场机制、政府宏观调控或其他技术手段补偿回来，该命题的核心是将经济主体环境生态价值的负外部性内部化的过程，该问题是生态环境问题的主要方面。那么，生态环境问题的另一个方面，即经济主体生态价值的正外部性内部化问题也应当引起足够的关注并展开同步的讨论和研究，它对于推进生态环境保护和生态文明建设同样深具理论意义和应用价值。森林资源作为陆地生态系统的主体和自然界功能最齐备的资源库，具有多项生态功能，蕴藏和实现着巨大的生态价值，是人类生态环境保护的天然屏障，是生态文明建设的主力军。我国幅员辽阔，同样也是林业资源大国，森林资源一方面通过合理经营产生经济效益服务于国民经济，创造出丰富的物质财富；另一方面还执行着生态环境保护的本源功能。林业企业作为森林资源管理和运营的重要经济主体，加强林业企业森林资源的科学管理，优化林业企业的会计制度，对于破解森林生态价值实现难的问题、推动林业企业可持续发展、更好地发挥森林资源在生态文明建设中的作用具有重要的现实意义。

第一节　森林资源在生态文明建设中的地位和作用

一、森林资源的基本情况

森林占据着约30%的地球陆地面积，是陆地生态系统中面积最大、生物种类最丰富以及生态保护功能最齐备的一种生态系统，是自然界中最丰富和最稳定的资源储存库，是农田、湿地、草原和城市生态四个系统的安全堡垒，同时在维护国家安全和国家外交战略大局中发挥着重要的战略意义。截止到2019年底，我国的森林覆盖面积达2.2亿公顷，森林覆盖率为22.96%；2019年，我国林业产业总产值由2010年的2.28亿元增长到了7.56万亿元（见图7–1），进出口贸易额达1600亿美元。总之，森林资源给予了人类丰富多样的惠益，是人类赖以生存和发展的重要基础。森林生态系统服务功能具体包含了经济价值、生态价值和社会价值。经济价值是森林提供的直接价值，人类通过对森林的合理经营而收获木材、经济林果、生物药材和生物质能源等多种主副产品，在市场上交换获得经济利益。生态价值是森林提供的间接价值，是指森林在自然地理条件下，借助于物理和化学作用，对周围环境释放的有益于人类且具有公共物品属性的公益效能，包括涵养水源、保持水土、防风固沙、净化空气和调节气候等。社会价值也是森林提供的间接价值，表现在美化环境、游憩宜居、就业脱贫等多样化的社会功能。权威资料表明，全世界有10亿～17亿人依靠森林维持生活。

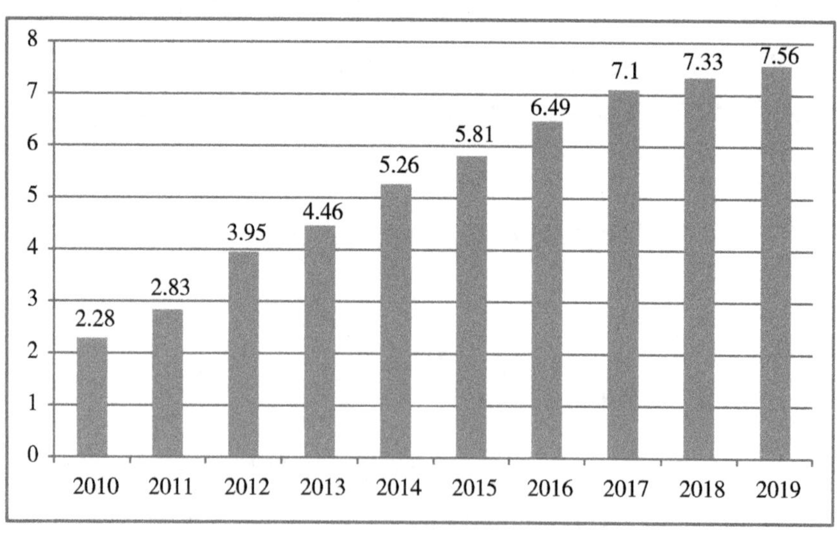

图7–1　2010—2018年我国林业总产值（单位：万亿元）

二、森林资源与生态文明建设

上述森林资源的重要性客观上提升了森林经营管护的必要性。也就是说，必须对森林资源实施精准化管理，增强植树造林的力度、扩大森林绿化面积，及时补充修复被消耗或破坏的森林植被，维持森林生态系统的平衡和生态系统服务的稳定输出，在此基础上积极探索和发展林业事业，确保森林资源在生态文明建设中发挥应有的作用。

中华人民共和国成立以来，林业在国家层面上始终占据着重要的战略位置。政府为了加快林业发展，使林业更好地服务于生态建设，不断制定和改革林业发展方案。1984 年全国人大通过了《中华人民共和国森林法》，最新修订的森林法总则中规定，“为了践行绿水青山就是金山银山理念……建设生态文明，实现人与自然和谐共生，制定本法”。从该法立法的目的可以看出，森林资源对于生态文明建设具有重要的意义。2009 年，中央林业工作会议明确了林业在贯彻可持续发展战略、生态建设、西部大开发、应对气候变化方面的重要地位，将林业发展定位为实现科学发展的必由之路、建设生态文明的第一要务、应对气候变化以及解决“三农”问题的重要途径。

党的十八大将生态文明建设纳入“五位一体”中国特色社会主义事业总体布局，将生态文明建设提升到了全新的战略高度，林业在生态文明建设中的角色重要性也相应被凸显出来。习近平总书记对林业改革发展高度重视，提出了一系列重大战略思想，赋予了林业在建设生态文明、推动绿色发展和应对气候变化中新的历史使命，为林业改革发展和应对气候变化指明了方向、提供了根本遵循。他深刻指出，林业建设是事关经济社会可持续发展的根本性问题；发展林业是全面建成小康社会的重要内容，是生态文明建设的重要举措；林业要为全面建成小康社会、实现中华民族伟大复兴的中国梦不断创造更好的生态条件。2013 年 11 月，习近平总书记在十八届三中全会上就《中共中央关于全面深化改革若干重大问题的决定》做说明时指出，山水林田湖是一个生命共同体，人的命脉在田，田的命脉在水，水的命脉在山，山的命脉在土，土的命脉在树。2014 年 1 月，习近平总书记在内蒙古阿尔山林业局视察时指出，历史有它的阶段性，当时砍木头是为国家做贡献，现在种树看林子也是为国家做贡献；发展经济、搞活经济不能以破坏生态和环境为代价。

第二节　林业企业会计现状及存在的问题分析

我国的林业企业会计制度经历了漫长的历史变迁过程。从中华人民共和国成立之初的森工企业会计制度到后来的国有林场会计制度、天保资金会计制度，再逐渐过渡到当前的 CAS5，无论是何种林业会计制度，都是特定历史时期社会实践的产物，也充分完成了服务社会实践的历史使命，满足了对应历史时期林业会计核算的需要。当前，林业企业涉及森林资源的会计处理依据的是 2006 年财政部颁布的 CAS5，该准则就其“前任”森工企业会计制度而言在林木资产的概念、分类和会计处理的多个方面有明显的进步，比如依据森林资源的特征和用途划分出的生产性、消耗性和公益性三种类别，对每种类别的初始确认、后续计量和收获处置的会计操作都做出了系统性规范，能够相对真实完整地反映和监督森林资源的资金运动过程。但是受森林资源的生物特性、森林市场发育状况较低和森林生态价值评估技术落后等因素的影响，CAS5 也存在着明显的缺陷，这些缺陷既影响着森林价值的实现，也对森林资源服务生态文明建设功能的发挥构成了制约，具体表现在以下几个方面。

一、森林资源分类会计核算不明确

森林资源依据经济利益和生态服务两种不同的价值取向，通常分类为商品林和公益林，这两类森林资源的经营管理因为价值取向的不同也存在着显著的区别。其中，以经济效益最大化为经营目标的森林类别属于商品林，产出有价格的、可用于交换的各种林产品，如木材、茶、果等。这些产品可以为经营者独占，并且可以通过出售、转让、租赁等获取经济利益。由于有价格信息，经营商品林的企业可以借助于市场机制进行融资和资源配置。以生态服务功能为主的森林类别属于公益林，追求生态效益最大化，主要产出各种无价格的生态服务，如保持水土、涵养水源、防风固沙、调节气候、美化环境等服务，这些服务的占有和消费是难以排除他人的，在目前的市场状况下经营者无法通过出售和交换占有其利益，也不可能通过市场去进行融资和资源配置，主要依靠政府投入与社会力量建设相结合的模式，由企业运营在很大程度上只是一种经营形式的需要，经济利益并不是其主要诉求。可以看出，森林资源依据不同的属性和目的对于商品林和公益林的划分是非常必要的，且划分的界线也是明确的，因此，相应的林业企业会计制度理论上也应当依据这种明确的划分对这两类森林资源做出有实质性区别的会计处理，以分别有针对性地对这两类森林资源的经济业务活动做出合理有效的反映和监督。但是，CAS5 并未实质上体现分类会计处理的原则，虽然增设了公益性生物资产的全新类别，并且指出其本质属性是生态服务潜能，但是并未因此依据该本质属性对公益林的会计处理制定相对应的特殊的会计处理规范，因此，在 CAS5 标准的导航下，公益林企业的经营很有可能发生偏航，重经济利益而轻生态效益，也无助于公益林企业生态环境成本的核算控制和环境绩效的评价。

二、林木资产经济价值计量不完整

企业是以盈利为目的的经济组织，林业企业的首要目的也是盈利。林业企业通过出售木材或者林木的果实、种子、花和叶等有价值的副产品来获取收益。林木资产中蕴含的经济价值是林业企业收益的来源，准确核算林木资产的经济价值是林业企业总结、评价自身财务状况和经营成果的前提。如果林木资产的经济价值核算不准确，那么以此为基础衍生的其他会计信息也是失真的。CAS5 虽然从确认和初始计量、后续计量以及收获处置三个方面对林木资产的经济价值做出了规范，但是这种规范总体上是基于谨慎性原则和会计信息质量的相关要求，对于林木资产的初始确认和后续确认采取的几乎都是历史成本原则，只有在有确凿证据表明生物资产的公允价值能够持续可靠取得的，才可采用公允价值计量。具体需要满足两个条件：一是森林资产存有活跃的交易市场；二是能够取得同类或类似森林资产的市场价格及其他相关信息，从而对生物资产的公允价值做出合理估计。由于我国林业市场并不发达，公允价值难求，因此采用公允价值计量的企业特别少。

历史成本计量法下会计信息的可靠性和可验证性较高。外购林木的价值计量是以买价加上相关成本和费用；自产林木的价值计量主要包括林木培育期间发生的成本费用。该方法下的资料容易取得，受主观因素的干扰较小，会计处理操作简便，容易被会计人员掌握。但是，该计量法下的林木经济价值是被低估的。生物转化功能是林木价值增值的主因，林木日常发生的施肥、灌溉等零星费用支出对林木价值的形成只是起到非常次要的作用。另外，历史成本法下在林木出售时确认的收入是基于林木公允价值的收入，林木的成本则是过去的历史成本，造成了收入和成本不配比的现象。

三、林木资产的生态价值未纳入会计核算体系

森林的经济价值是林业企业存续的物质基础，森林在保护和改善生态环境、维持生态平衡方面的生态价值则是森林生态服务功能的源泉，二者相比，生态价值要远大于经济价值，其甚至无法直接用经济数量来衡量。在传统的观念下，森林只是企业家眼中活着的木材，待到发育成熟便收获和销售，林业会计处理规范的制定也是参照着树木生长发育的全过程，包括树木从初始取得，到后续的抚育更新，再到最终的收获出售，反映该过程的资金运动状况和收益，归集该过程耗费成本，最后计算出会计利润完成利润分配，即宣告会计处理工作结束。但是，树木并非单一功能的物种，而是集经济价值与生态价值于一身、发挥着重要生态功能的复合物种。现行会计制度规范下，树木的生态价值并未被单独认可为独立的内容单元，生态价值从投入到产出、补偿过程的会计处理也并未有相应系统性的规范来指示，企业对生态价值及其取得的收益不入账，因此企业个体的收益远远地小于社会的总收益，无法达到帕累托最优，导致不良的经济后果，表现在企业会在唯经济利益是从的心态鼓动下，违背树木的生长规律进行不合理的采伐，缩减了树木正常寿命和相应释放生态功能的总量。

从当前的制度环境来看，我国林业正处于变革和转折的关键历史时期，有关部门不断建立和完善相关制度，积极推动林业由过去的木材生产为主转变为未来的生态保护为主，推动林业走严格保护、科学经营和可持续发展的道路，构建国家生态安全体系，建设山川秀美的生态文明社会。简而言之，就是“生态建设、生态安全、生态文明”。经济社会环境的变化催生着会计领域的变革，将树木的生态系统服务以恰当的方式纳入林业会计核算体系是十分必要的。为此，CAS5 虽然呼应了该改革的呼声，相较于旧的林业会计制度增设了“公益性生物资产”的全新类别，但是，也只是就其会计处理做出了较为笼统的规范，

与其他林木类生物资产的会计处理相比有所简化，并没有本质上的区别，未涉及生态价值的会计核算，未实现真正意义上的商品林和公益林的分类核算，如此，公益林企业的经营目标依然有很大可能被混淆甚至扭曲，从而不但重复“重经济轻生态”的局面，而且从资金使用方面来看，该制度也为经济用途和生态用途两类资金的区分和使用形成了障碍，不利于评价林业企业的环境保护绩效。

第三节　林业企业会计核算改革和发展的方案

一、实现商品林和公益林的差异化管理和实质性分类核算

商品林和公益林两类企业在目标导向、资本投入、经营模式、运作方式等方面不尽相同，二者虽然在形式上均可以借助于企业的形式运作，但是在性质上是截然不同的。为了使商品林和公益林各自的功能均能够得到最有效的发挥，必须对这两类森林资源采取差异化的政策管理措施，并在会计上实现实质性的分类核算。其中，商品林企业依法自主经营、自负盈亏，在不破坏生态环境的前提下，采取集约化经营措施，充分发挥林地生产经营的潜力，追求商品林的经营价值最大化。商品林的采伐应当依法办理采伐许可证，符合技术规程，控制皆伐面积，伐育同步规划实施。在符合此政策管理措施的基础上，商品林企业的会计核算应当以经济利益核算为中心，在可靠计量林木经济价值的基础上，系统反映林木外购、抚育更新、采伐、林产品收获和出售等环节的资金运动过程，生态价值部分的会计核算暂时可不予考虑。公益林首先必须实行严格保护，只能进行抚育和更新性质的采伐。资金来源主要依靠中央政府和地方政府的安排，按照专款专用的原则，主要用于公益林的经济补偿、管护支出和非国有公益林的租赁、赎买、

置换。公益林的本质功能是公益性质的生态服务，公益林企业的各项业务活动也是围绕着生态服务的中心展开，如果单纯套用以经济利益核算为中心的企业财务会计体系予以反映和监督，显然是不匹配的。但是，企业财务会计历经较长时期的改革和发展，目前已经建立起来相对成熟的会计处理体系，公益林的企业经营形式要求其会计核算也不能完全脱离企业财务会计的元素。因此，公益林的会计核算应当是在借鉴企业财务会计的基本核算框架基础上，简化会计核算工作，并依据社会经济技术条件的进步，逐步将森林的生态价值纳入公益林企业的会计核算体系。

二、商品林企业会计核算的改革和发展方案

在实现商品林和公益林差异化管理、实质性分类核算的基础上，需要探讨二者各自的改革和发展方案的问题。商品林会计核算的改革和发展面临的突出问题就是经济价值的计量问题，该问题的核心又集中体现为对森林由于生物转化功能带来的价值增值的可靠计量问题。CAS5 采用了“一刀切”式的计量方案，除非同时满足“具有活跃交易市场”“同类或类似生物资产的市场价格能够取得”等条件才可采用公允价值计量，否则一律采用历史成本计量。两种计量方法虽各有利弊，但是无论单独运用哪种计量方法均不可能有效解决我国当前市场环境下森林经济价值的会计计量问题。因此，为了更加准确地反映森林的经济价值，依据董建萍（2016）的观点，可以考虑将两种或多种计量方法混合运用[①]。

森林资源依据生产周期和价值运动方式的不同可以划分为三个阶段：第一个阶段是从开始种植到完成郁闭；第二个阶段是从郁闭到发育成熟；第三个阶段是从发育成熟到收获和出售。这三个阶段分别采

①董建萍．林木类消耗性生物资产混合会计计量模式探析［J］．会计之友，2016（7）：25-27.

取不同的计量方式。第一个阶段当中林业企业发生大量的森林抚育的成本性支出，该阶段适用于历史成本法，并在郁闭的时点资本化。第二个阶段，生物转化功能开始逐步显现，抚育性的成本支出急剧减少，会计计量宜采用基于成熟百分比的现值估计法。第三阶段林木已发育成熟，成熟林木的市场活跃度显著提高，同类或类似生物资产的市场价格及其他相关信息已经比较容易取得，宜采用公允价值计量。

三、公益林企业会计核算的改革和发展方案

（一）更新会计核算的理念

理念是指导行为的根本性原则，先进的理念是先进生产力和先进生产关系的先导。改革开放以来，我国会计制度、会计准则的改革和完善过程，虽然直观表现为具体条文的变化，本质上却是背后会计理念的变化。特定会计体系一定是基于特定的会计理念而创设并运行的，改革和发展旧的会计体系势必应当从更新会计理念开始。公益林的本质功能是提供生态服务，属于公益性质，在我国当前的社会经济背景下，更是与生态文明建设息息相关，在生态文明建设中具有特殊重要的地位。公益林的会计核算应当以其本质功能作为根本依据，以服务于生态文明建设为主要目标，以生态服务的价值和功能核算为主，以经济利益核算为辅，优先确认、计量、记录和报告企业与公益林生态服务相关的交易和事项，尤其是要准确计量和报告公益林的生态价值。在该会计核算理念下将公益林的生态价值逐步纳入会计核算体系，是会计核算改革中面临的关键问题。

（二）重构会计核算的基础理论

1. 会计核算的目标

企业是一系列与企业活动相关者契约的组合体。但是，现代企业

契约理论中“受托责任观”和“决策有用观”的会计目标都偏向于向所有者披露可用货币计量的财务信息，却忽视了非财务的和不可用货币计量的信息的重要性。在企业利益相关者契约理论之上，企业的会计目标应当修正为：向利益相关契约主体提供他们所需的重要信息。CAS5 对于树木的会计处理内容仅涉及树木的价值存流量，只能向利益相关方提供林业企业财务状况、经营成果和现金流量方面的会计信息，无法提供树木生态价值和生态成本方面的高质量的会计信息，只能为各级政府的环境保护机构制定生态环境保护决策发挥有限的作用，是生态文明建设过程中的“短板”。因此，公益林会计核算的改革和发展目标，应当定位为向利益相关方输出真实可靠的树木经济价值信息的基础上，扩大树木生态价值和生态成本信息的输出，以利于降低绿色金融市场的信息不对称状况，吸引更多绿色投资者的资本注入，推动企业生态价值循环的实现和良性运转，促进企业的可持续发展，同时有助于生态文明建设的决策者制定更加合理有效的生态文明政策，推进生态文明建设的进程。

2. 会计计量属性的选择

传统林业企业由于只核算树木的经济利益，因此其会计计量如同其他普通企业一样也是以货币为单位，反映和监督树木从取得到出售全过程的价值存流量。在生态文明建设和林业转型的双重制度背景下，林业企业会计信息的需求趋向多元化，传统的单一货币会计计量将难以满足新形势下林业会计的要求。但是，考虑到多元计量所需的市场、经济和技术等条件尚未形成，对生态系统服务价值全面采用货币计量的时机尚未成熟，若是因此从会计报告中消除掉这部分真实存在的生态系统服务价值，则生态环境会计信息的质量将无法保证而失去决策有用性。所以，当前可以选择折中的方案来解决这一矛盾。树木生态效益的物理性评估技术已经发展到了先进的水平，尤其是对树木单项生态服务价值的评估技术也发展到了推广应用的阶段，这样，树木生态价值相关的信息可通过过渡性质的物理量等非货币形式来计量，待到未来时机成熟，生态价值的计量就可以综合运用物理、货币和其他辅助计量手段，并在会计报告中实现定量披露和定性分析相结合。

3. 生态价值核算的嵌入方式

企业引入生态价值核算后，如何做到与原有财务会计系统的有机融合，是公益林企业会计改革面临的关键性技术问题。总体而言，生态会计系统和财务会计系统存在着三种可供选择的关系（见图 7–2），分别是分立关系、交叉关系和嵌入关系，每种关系存续的条件各不相同，应当依据经济技术条件的不同发展阶段而做出恰当的选择。在改革的初始时期，可以将生态会计系统和财务会计系统定位为分立关系，财务会计系统作为主会计系统，生态会计系统作为副会计系统，两个系统按照各自的轨道运行，分别依据各自的原则、目标和核算基础完成会计处理。具体而言就是，财务会计系统以经济利益核算为目标和内容，采用权责发生制，依据 CAS5 及其他相关会计准则的规范完成树木的会计处理；生态会计系统以生态价值核算为目标和内容，采用收付实现制，重设会计要素和会计科目，核算树木生态价值相关的的成本和收益，动态反映同步的资金收支状况，在会计期末，会计报表主体部分体现财务会计系统输出的财务状况、经营成果和现金流等信息；生态会计系统输出的生态价值会计信息以财务报表附注或者表外的形式披露。

随着林业生态产品市场的不断发育、生态价值评估技术的不断进步，树木的生态效益可以从市场中或者资产评估机构中获取到货币计量的公允价值，树木的生态补偿机制预期也会建立完善起来，直至树木的生态价值资金运动能够围绕着林业企业实现良性循环运动。这个时点上，应当着手两方面的工作：首先是翻新生态会计系统。可以比照财务会计系统完善生态会计概念框架、增加会计要素和完善科目设置，将原本因计量问题无法入账的生态价值以恰当的形式进行会计确认和记录。其次是促进两套会计系统的衔接与整合。可以借助于调整账户的形式，使收付实现制基础下的生态效益的成本和收益信息能够统一转化为财务会计信息一并输出，打造出生态会计系统和财务会计系统适度分立又相互融合的综合会计系统，从而使生态效益能够真正助力林业企业的经济绩效。

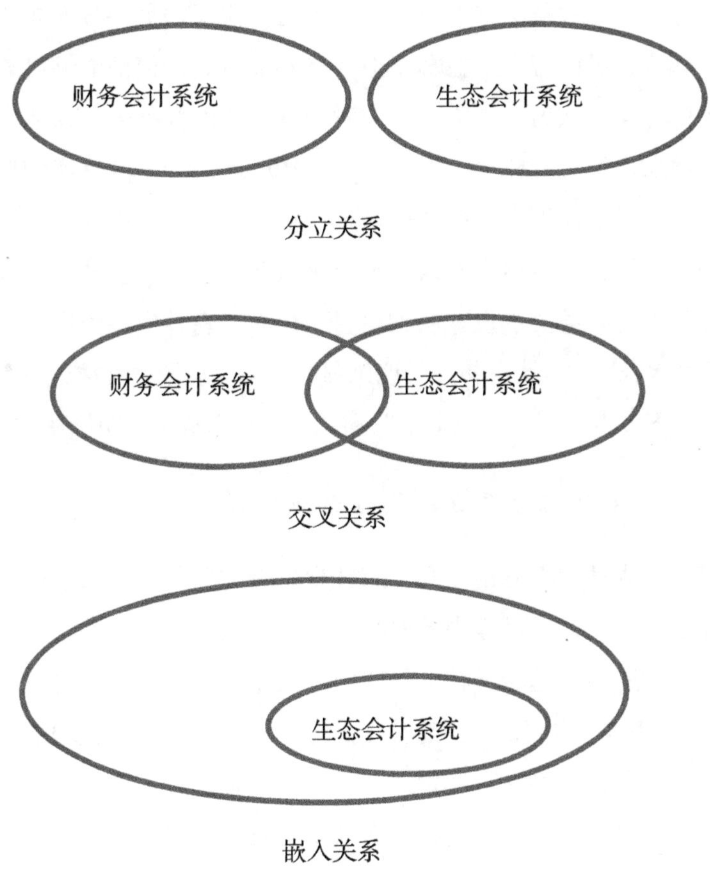

图 7-2　生态会计系统与财务会计系统关系图

第四节　公益林企业会计核算改革方案举例[①]

对公益林生态效益的会计归属问题，学术界有不同的观点。本书认为公益林生态效益一方面符合资产的特征定义，另一方面与之相关的经济利益很可能流入公益林企业，且其成本和价值都能够可靠地计量，故应将其确认为一项资产，同时确认为政府和社会公众的一项所有者权益来进行会计核算。但是该项资产既不同于不具有实物形态的无形资产，又不同于固定资产等其他一些有形资产，因此单设“森林生态资产”科目对森林生态效益进行确认与计量。“森林生态资产”科目按其生态效益类别设置明细科目，即在“森林生态资产”科目下设“涵养水源”“水土保持”等明细科目，同时设置“森林生态资本”科目，其下设置“未收生态资本”和“已收生态资本”明细科目。

一、公益林工程项目建设的会计核算

设置“森林生态支出”和“森林生态资本”科目，用于核算营林企业在森林生态建设过程中政府投资和社会集资等资金的使用情况。企业收到政府育林基金或社会投资时，借记“银行存款”科目，贷记“森林生态资本”科目；发生造林支出时，借记“森林生态支出”科目，贷记“银行存款”科目。设置“公益性生物资产——未成熟公益性生物资产”科目，用于核算公益林在郁闭前发生的造林费、抚育费、营林设施费、良种试验费、调查设计费和应分摊的间接费用等必要支出，发生造林支出时，借记该科目，贷记“森林生态支出”科目，并在工程竣工后结转“公益性生物资产——成熟公益性生物资产”科目。

①该部分内容由笔者刊发于《商业会计》2011 年第 15 期。

二、公益林工程项目竣工后的会计核算

公益林工程项目竣工后，公益林的生态效益逐渐发挥了出来。设置“森林生态资产”科目，用于核算按照前述评估基本方法确定的各种具体生态效益的金额；同时设置“森林生态资本”科目，作为其对应的所有者权益类科目。在资产负债表日，按评估的金额借记“森林生态资产——涵养水源（或水土保持等）”科目，贷记“森林生态资本”科目。公益林提供的生态效益应视为企业的主营产品，这也是森林生态资产区别于无形资产的一个方面，其价值补偿通常由国家、社会通过一定的市场机制来完成，可视为森林生态资产给企业带来的收入。设置“主营业务收入——生态效益补偿”科目，用于记录本期公益林生态效益的补偿收入，同时将公益林在发挥生态效益期间发生的例如管护费用等支出记入“森林生态支出”科目，并于主营业务收入实现时结转“主营业务成本”科目。企业得到价值补偿时，借记“银行存款”科目，贷记“主营业务收入——生态效益补偿”科目，同时借记“主营业务成本”科目，贷记“森林生态支出”科目。

根据生物资产准则规定，公益性生物资产主要出于防护、环境保护等特殊公益性目的，具有非经营性特点，故不需要计提折旧和减值准备。同时，公益林生态效益作为一项特殊的资产，由于林木的特殊性能和自然力的作用，一般不会发生价值的折耗，因此也不需要摊销和计提减值准备。期末时，将公益林企业本年度的主营业务收入与主营业务成本转入“本年利润”科目，形成森林生态利润。年终将“本年利润”科目转入“利润分配”科目。“利润分配”科目用于核算森林生态效益利润在利益相关者之间的分配，分配后的余额转入“森林生态资本”科目，表示企业留存的造林资本。

三、公益林采伐更新的会计核算

企业在日常经营活动中有时会出于需要采伐林木并将其出售，由于出售木材不是公益林企业的主营目的，故应将其视为副营业务。该种业务中取得的收入和发生的成本费用在“其他业务收入”和“其他业务成本”科目中归集核算。如果采伐更新的数目不大，则不必调减“公益性生物资产”及相应科目。企业只有在大规模采伐的情形下才需调减“公益性生物资产”科目，同时相应调减“森林生态资产”和“森林生态资本”科目。

参考文献

［1］巴泽尔．产权的经济分析［M］.2 版．费方域，等译．上海：格致出版社，2017.

［2］陈国辉．会计理论研究［M］.2 版．大连：东北财经大学，2012.

［3］陈华．基于社会责任报告的上市公司环境信息披露质量研究［M］．北京：经济科学出版社，2013.

［4］陈良华，等．会计理论［M］．北京：科学出版社，2017.

［5］成岳．环境科学概论［M］．上海：华东理工大学出版社，2012.

［6］葛家澍，杜兴强，等．会计理论［M］．上海：复旦大学出版社，2005.

［7］郭道扬．会计史研究［M］．北京：中国财政经济出版社，2004.

［8］黄承梁．新时代生态文明建设思想概论［M］．北京：人民出版社，2018.

［9］黄少安．产权经济学导论［M］．北京：经济科学出版社，2004.

［10］蓝虹．环境产权经济学［M］．北京：中国人民大学出版社，2005.

［11］李梁美．走向社会主义生态文明新时代［M］．上海：上海

三联书店，2014.

[12]李永臣.企业环境会计研究[M].北京：中国人民大学出版社，2005.

[13]刘德海.绿色发展[M].南京：江苏人民出版社，2016.

[14]罗素清.环境会计研究[M].上海：上海三联书店，2011.

[15]毛志锋.人类文明与可持续发展[M].长春：吉林出版集团股份有限公司，2016.

[16]全国干部培训教材编审指导委员会.将改革进行到底[M].北京：人民出版社，2019.

[17]全国干部培训教材编审指导委员会.推进生态文明 建设美丽中国[M].北京：人民出版社，2019.

[18]任铃，张云飞.改革开放40年的中国生态文明建设[M].北京：中共党史出版社，2018.

[19]帅萍.可持续发展企业[M].北京：北京大学出版社，2013.

[20]宋子义，等.环境会计信息披露研究[M].北京：中国社会科学出版社，2012.

[21]孙恒，王彦卓.企业绿色会计理论与实践应用研究[M].北京：经济科学出版社，2014.

[22]田翠香.企业环境管理中的会计行为研究[M].北京：经济科学出版社，2012.

[23]王波.经济新常态背景下潍坊市产融结合发展规划研究[M].北京：中国社会科学出版社，2018.

[24]王舒.生态文明建设概论[M].北京：清华大学出版社，2014.

[25]王文军.人口、资源与环境经济学[M].北京：清华大学出版社，2013.

[26] 斯科特. 财务会计理论 [M]. 陈汉文，等译. 北京：中国人民大学出版社，2012.

[27] 吴君民，魏晓卓，丁俊. 会计理论研究 [M]. 镇江：江苏大学出版社，2011.

[28] 吴溪. 会计研究方法论 [M]. 北京：中国人民大学出版社，2012.

[29] 肖巍，等. 绿色发展研究 [M]. 北京：高等教育出版社，2018.

[30] 许家林，孟凡利，等. 环境会计 [M]. 上海：上海财经大学出版社，2004.

[31] 于玉林. 会计大百科辞典 [M]. 上海：上海财经大学出版社，2009.

[32] 于玉林，李瑞生. 会计基础理论研究 [M]. 2 版. 北京：经济科学出版社，2005.

[33] 杨玫，郭卫东. 生态文明与美丽中国建设研究 [M]. 北京：中国水利水电出版社，2017.

[34] 张以宽. 可持续发展战略与环境会计研究 [M]. 北京：中国财政经济出版社，2002.

[35] 周勇. 企业社会责任论 [M]. 北京：经济科学出版社，2018.

[36] 中共中央文献研究室. 习近平关于社会主义生态文明建设论述摘编 [M]. 北京：中央文献出版社，2017.

[37] 中国会计学会. 会计史专题（2010）[M]. 北京：经济科学出版社，2012.

[38] 中国注册会计师协会. 会计 [M]. 北京：中国财政经济出版社，2019.

[39] 中华人民共和国财政部. 企业会计准则：2019 年版 [M]. 上海：

立信会计出版社，2019.

［40］赵峥，袁祥飞，于晓龙．绿色发展与绿色金融：理论、政策与案例［M］．北京：经济管理出版社，2017.

［41］朱小平，周华，秦玉熙．初级会计学［M］.8 版．北京：中国人民大学出版社，2017.

［42］毕茜，顾立盟，张济建．传统文化、环境制度与企业环境信息披露［J］．会计研究，2015（3）：12–19.

［43］毕茜，彭珏，左永彦．环境信息披露制度、公司治理和环境信息披露［J］．会计研究，2012（7）：39–47.

［44］陈金清．马克思关于人与自然关系生态思想的当代价值［J］．马克思主义研究，2015（11）：35–42.

［45］陈绍志，周海川．林业生态文明建设的内涵、定位与实施路径［J］．中州学刊，2014（7）：91–96.

［46］陈硕．坚持和完善生态文明制度体系：理论内涵、思想原则与实现路径［J］．新疆师范大学学报，2019，40（6）：18–26.

［47］陈伟．中国生态文明标准化：制度、困境与实现［J］．马克思主义研究，2017（9）：97–109.

［48］陈煦江，胡庭兴．宏观环境会计核算模式及其衔接探析［J］．林业财务与会计，2004（10）：8.

［49］陈璇，钱维．新《环保法》对企业环境信息披露质量的影响分析［J］．中国人口·资源与环境，2018（12）：76–86.

［50］陈志斌．论中国政府会计概念框架的选择［J］．会计研究，2012（2）：65–71+97.

［51］程启智．内部性与外部性及其政府管制的产权分析［J］．管理世界，2002（12）：62–68.

［52］崔红东，韩国．《环境政策基本法》的解析与启示［J］．宿州学院学报，2016，31（5）：8–12.

[53] 方颖，郭俊杰 . 中国环境信息披露政策是否有效：基于资本市场反应的研究 [J]. 经济研究，2018（10）：158–174.

[54] 冯淑萍 . 不忘初心，砥砺奋进，推动会计更好服务经济社会发展大局 [J]. 会计研究，2019（2）：3–5.

[55] 顾钰民 . 论生态文明制度建设 [J]. 福建论坛（人文社会科学版），2013（6）：165–169.

[56] 韩民青 . 论工业文明的本质 [J]. 山东社会科学，2011（2）：62–74.

[57] 黄承梁 . 走进社会主义生态文明新时代 [J]. 红旗文稿，2018（3）：23–25.

[58] 葛家澍，窦家春，陈朝琳 . 财务会计计量模式的必然选择：双重计量 [J]. 会计研究，2010（2）：7–12.

[59] 葛家澍，高军 . 论会计的职能、对象和目标 [J]. 厦门大学学报（哲学社会科学版），2013（2）：30–37.

[60] 葛家澍，李若山 . 九十年代西方会计理论的一个新思潮——绿色会计理论 [J]. 会计研究，1992（5）：1–6.

[61] 葛家澍，刘峰 . 论企业财务报告的性质及其信息的基本特征 [J]. 会计研究，2011（12）：3–8.

[62] 葛家澍，徐跃 . 会计计量属性的探讨：市场价格、历史成本、现行成本与公允价值 [J]. 会计研究，2006（9）：7–14.

[63] 谷树忠，胡咏君，周洪 . 生态文明建设的科学内涵与基本路径 [J]. 资源科学，2013，35（1）：2–13.

[64] 顾钰民 . 论生态文明制度建设 [J]. 福建论坛（人文社会科学版），2013（6）：165–169.

[65] 郭道扬 .21 世纪的战争与和平——会计控制、会计教育纵横论 [J]. 会计论坛，2003（1）：26–35.

[66] 胡鞍钢，周绍杰 . 绿色发展：功能界定、机制分析与发展战

略［J］. 中国人口 · 资源与环境，2014（1）：14-20.

［67］霍艳丽，刘彤 . 生态经济建设：我国实现绿色发展的路径选择［J］. 企业经济，2011（10）：63-66.

［68］季晓佳，陈洪涛，王迪 . 媒体报道、政府监管与企业环境信息披露［J］. 中国环境管理，2019（2）：44-54.

［69］蒋南平，向仁康 . 中国经济绿色发展的若干问题［J］. 当代经济研究，2013（2）：50-54.

［70］靳乐山，吴乐 . 我国生态补偿的成就、挑战与转型［J］. 环境保护，2018，46（24）：7-13.

［71］巨乃岐，杨权良，王恒桓，等 . 试论当代生态环境问题形成的根源和实质［J］. 天中学刊，2018，33（1）：57-62.

［72］匡海波 . 企业社会责任［M］. 北京：清华大学出版社，2018.

［73］雷新途，石道金 . 生态产权会计：一个理论分析框架［J］. 财经论丛，2017（3）：58-64.

［74］李虹，原潇倩 . 企业代理成本与环境信息披露——基于管理层家乡情怀与市场化进程的调节效用［J］. 南京审计大学学报，2019（6）：72-80.

［75］李建发，肖华 . 我国企业环境报告：现状、需求与未来［J］. 会计研究，2002（4）：40-48.

［76］李丽，等 . 生态系统服务价值评估方法综述［J］. 生态学杂志，2018，37（4）：1233-1245.

［77］李良美 . 生态文明的科学内涵及其理论意义［J］. 毛泽东邓小平理论研究，2005（2）：47-51.

［78］李晓兵 . 林业会计制度研究的新探索［J］. 绿色财会，2019（8）：8-11.

［79］李玉环 . 改革开放以来我国会计制度改革的回顾与评价［J］.

会计研究，2001（9）：53–57.

[80] 梁增然．我国森林生态补偿制度的不足与完善［J］．中州学刊，2015（3）：60–63.

[81] 林钟高，吴利娟．公司治理与会计信息质量的相关性研究［J］．会计研究，2004（8）：65–71.

[82] 刘璨．森林生态效益补偿研究进展与我国政策实践发展［J］．环境保护，2018，46（14）：12–17.

[83] 刘桂英．关于上市公司环境信息披露的思考［J］．财会学习，2019（21）：189–190.

[84] 刘晓莉．我国市场化生态补偿机制的立法问题研究［J］．吉林大学社会科学学报，2019，59（1）：49–56.

[85] 刘燕，薛蓉．生态文明内涵的解读及其制度保障［J］．财经问题研究，2019（5）：19–25.

[86] 刘友芝．论负的外部性内在化的一般途径［J］．经济评论，2001（3）：7–10.

[87] 逯东，孙岩，杨丹．会计信息与资源配置效率研究述评［J］．会计研究，2012（6）：19–24.

[88] 卢风．绿色发展与生态文明建设的关键和根本［J］．中国地质大学学报（社会科学版），2017（1）：1–9.

[89] 卢风．生态文明新时代的新图景［J］．人民论坛，2018（4）：84–85.

[90] 罗绍德，任世驰．会计变革与经济效率：基于会计思想史的角度［J］．财经理论与实践，2011（6）：62–66.

[91] 马凯．坚定不移推进生态文明建设［J］．求是，2013（9）：3–9.

[92] 牛文元．“绿色 GDP”与中国环境会计制度［J］．会计研究，2002（1）：40–42.

[93] 潘鹤思，李英，陈振环．森林生态系统服务价值评估方法研

究综述及展望［J］. 干旱区资源与环境，2018，32（6）：72–78.

［94］逄锦聚 . 深刻认识和把握新时代我国社会主要矛盾［J］. 经济研究，2017（11）：20–22.

［95］彭庆红，崔晓丹 . 深刻认识与理解新时代［J］. 思想教育研究，2017（12）：3–7.

［96］秦书生，吕锦芳 . 我国实施绿色 GDP 核算的困境与对策［J］. 环境保护，2015，43（15）：42–44.

［97］宋林飞 . 中国生态文明建设理论创新与制度安排［J］. 江海学刊，2020（1）：26–34.

［98］沈洪涛，冯杰 . 舆论监督、政府监管与企业环境信息披露［J］. 会计研究，2012（2）：72–78+97.

［99］孙佑海 . 我国 70 年环境立法：回顾、反思与展望［J］. 中国环境管理，2016（6）：5–10.

［100］孙瑜，王波 . 试论林业会计的“财务 – 生态”双轨制模式改革［J］. 商业会计，2018（17）：21–22.

［101］孙铮，刘凤委 . 改革与创新是会计未来发展的主旋律［J］. 会计研究，2019（1）：5–12.

［102］王思远 . 新时代生态文明制度建设路径探析［J］. 领导科学，2018（12）：55–57.

［103］汤亚莉，陈自立，刘星，等 . 我国上市公司环境信息披露状况及影响因素的实证研究［J］. 管理世界，2006（1）：158–159.

［104］王灿发 . 论生态文明建设法律保障体系的构建［J］. 中国法学，2014（3）：34–53.

［105］吴春雷，张新民 . 可持续发展与会计本质［J］. 会计研究，2017（11）：38–44.

［106］吴明红，严耕 . 新时代中国的生态文明建设：进展、挑战与展望［J］. 人民论坛 · 学术前沿，2019（15）：100–103.

［107］肖华，李建发，张国清．制度压力、组织应对策略与环境信息披露［J］．厦门大学学报（哲学社会科学版），2013（3）：33-40.

［108］肖序，姜林林．韩国环境会计的发展历程及其实践［J］．财会通讯，2006（1）：87.

［109］许家林，蔡传里．中国环境会计研究回顾与展望［J］．会计研究，2004（4）：87-92.

［110］徐素波，张山，简欣媛，等．环境会计：理论综述与研究展望［J］．财会月刊，2019（3）：78-85.

［111］许宪春，任雪，常子豪．大数据与绿色发展［J］．中国工业经济，2019（4）：5-22.

［112］杨纪琬，沈小南．当前国际重大会计问题的讨论——联合国"国际会计和报告标准政府间专家工作组"第九届会议情况简介之二［J］．会计研究，1991（6）：36-49.

［113］杨世忠，曹梅梅．宏观环境会计核算体系框架构想［J］．会计研究，2010（8）：9-15.

［114］殷培红．日本环境管理机构演变及对我国的启示［J］．世界环境，2016（2）：27-29.

［115］于玉林．会计改革观念改革要先行［J］．会计之友，2014（32）：9-18.

［116］张本越，申振．生态文明视阈下我国环境会计的重新定位及其发展策略［J］．南京工业大学学报（社会科学版），2018，17（3）：68-76.

［117］张春华．中国生态文明制度建设的路径分析——基于马克思主义生态思想的制度维度［J］．当代世界与社会主义，2013（2）：28-31.

［118］张捷．转变发展方式——由工业文明迈向生态文明［J］.

中国人口·资源与环境，2012，22（11）：287-290.

［119］张来仪．马克思主义生态理论述略［J］．华南师范大学学报（社会科学版），2000（1）：27-33.

［120］张雯，孙瑜．我国林业企业的改革趋势及路径研究［J］．会计之友，2012，9（中）：55-56.

［121］张蕴．生态文明建设呼唤多元共治［J］．人民论坛，2018（35）：68-69.

［122］张云飞．走向社会主义生态文明新时代［J］．人民论坛，2017，11（上）：15-17.

［123］周宏春．发挥政府在生态文明建设中的导向作用［J］．中国产业经济动态，2014（22）：14-20.

［124］周守华，陶春华．环境会计：理论综述与启示［J］．会计研究，2012（2）：3-10.

［125］周守华，谢知非，徐华新．生态文明建设背景下的会计问题研究［J］．会计研究，2018（10）：3-10.

［126］周中胜，陈汉文．会计信息透明度与资源配置效率［J］．会计研究，2008（12）：56-62.

［127］袁广达．市场化的生态补偿标准与补偿执行机制的政策设计——基于环境会计的研究视角［C］// 中国会计学会环境会计专业委员会 2011 学术年会论文集，594-608.

［128］范文娟．我国生物资产价值评估方法研究［D］．呼和浩特：内蒙古农业大学，2010.

［129］胡玉可．基于利益相关者的林业生物资产会计理论与实务研究［D］．北京：北京林业大学，2014.

［130］刘涵．习近平生态文明思想研究［D］．长沙：湖南师范大学，2019.

［131］刘静．中国特色社会主义生态文明建设研究［D］．北京：

中共中央党校，2011.

[132] 石道金. 我国林地与森林生物资产会计研究 [D]. 北京：北京林业大学，2008.

[133] 马德帅. 习近平新时代生态文明思想建设研究 [D]. 长春：吉林大学，2019.

[134]王建明. 环境会计信息披露和管制研究[D]. 南京: 南京大学，2011.

[135] 本报评论员. 深刻认识生态文明建设的重大意义 [N]. 人民日报，2018-05-20.

[136] 常纪文. 以生态文明促进高质量发展 [N]. 人民日报，2018-07-19.

[137] 陈峰. 在积极履行社会责任中实现可持续发展 [N]. 人民日报，2013-01-29.

[138] 李斌. 深化产权制度改革 促进生态文明建设 [N]. 人民日报，2018-04-22.

[139] 苏春雨. 建设生态文明，推动新时代林业高质量发展 [N]. 中国环境报，2019-12-11.

[140]孙要良. 如何理解"人与自然是生命共同体"[N]. 学习时报，2018-04-09.

[141] 闻言. 建设美丽中国，努力走向生态文明新时代 [N]. 人民日报，2017-09-30.

[142] 吴大华. 制度建设是生态文明建设的重中之重 [N]. 人民日报，2016-10-14.

[143] 许晴. 担起绿色发展的社会责任 [N]. 人民日报，2020-01-14.

[144] 郑志国. 人与自然关系的科学认识 [N]. 学习时报，2005-08-22.